UNCION
SIMPLEMENTE ENVUELTA

Soltando lo Milagroso de una Forma Diferente

GEORGE PANTAGES

George Pantages Ministries

Copyright © 2011 por George Pantages

Unción Simplemente Envuelta

Impreso en los Estados Unidos de América

Por George Pantages

ISBN 978-0-9827695-5-3

Todos los derechos reservados exclusivamente por el autor. El autor garantiza a todos el contenido es original y no infringir los derechos legales de ninguna otra persona o el trabajo. Ninguna parte de este libro puede ser reproducida en cualquier forma sin el permiso del autor. Las opiniones expresadas en este libro no son necesariamente las del editor.

A menos que se especifique lo contrario, todos los pasajes de las Escrituras son extraídos de la versión Reina Valera 1960.

George Pantages Ministries

George Pantages
Cell 512 785-6324
geopanjr@yahoo.com
Georgepantages.com

INDICE

CAPITULO 1
¿Dónde Están los Ungidos de Dios? 9

CAPITULO 2
Solo Vamos a La Mitad 23
(SOLO PARA MINISTROS)

CAPITULO 3
Unción Simplemente Envuelta 37

CAPITULO 4
¿Usado o Manipulado? 51

CAPITULO 5
Unción Falsa 65

CAPITULO 6
Heredando la Tierra con Mansedumbre 79

CAPITULO 7
Obteniendo Una
Unción Simplemente Envuelta 93

CAPITULO 8
Distraído De Su Destino 107

CAPITULO 9
No Durante Mi Guardia 121

CAPITULO 10
Declarando Tu Victoria 135

DEDICACION

Me gustaría dedicar este libro a mis hijas Stephanie y Christi:

Stephanie (Fluffy) - Tu siempre has tenido la capacidad de hacerme reír hasta el día de hoy, después de todo lo "feo" que hemos tenido que soportar. Creo que tu manera loca y cómo vives la misma ha sido la muleta que he tenido necesidad de apoyarme cuando en realidad sólo quería acabar con todo. Dicen que la risa es la mejor medicina, y ¿quién puede negar que debido a que cuando estamos juntos riendo, todo el en mundo está bien. Mi única palabra de consejo para ti sería el uso de este don de Dios para su gloria por lo que el resto del mundo se puede reír a lo largo también.

Christi (One-O) – Tú me mueves de manera que me nacen deseos de acercarme más a Dios. Tu amor, y tierna bondad, realmente es como la de Cristo. Sé que no lo vez porque es más fácil concentrarte en tus defectos, pero algún día lo harás. Cuando ese día finalmente llegue vas a entender por qué papá te nombró Christi con una "I".Mantiene tus ojos abiertos, porque ese día no está demasiado lejos.

Las quiero tanto tanto y me gustaría decir que yo no cambiaría ninguna de las dos por nada del mundo!

PATROCINADORES

Me gustaría tomar el tiempo para agradecer las siguientes personas por su contribución en la publicación de este libro.

Antonio Bojorquez
Pastor Luís Pérez
Joe Rivera
Pastor Rodolfo Guia
Pastor Benjamín & Silvia Guerra
Pastor Porfirio Mayorquin
Richard & Terry Cantu
Gustavo & Tangie Villagrana
Louis J. Robles
Della Steel
Justina Rubio

Michelle Levigne ~ Editor de Inglés
Ricardo Canchola Yanez ~ Diseñó de Cubierta

INTRODUCCION

Simple no es la forma en que cualquiera de nosotros nos gustaría ser percibidos. Si estamos hablando de cómo nos vemos, la forma de vestir, cómo hablamos, o el lugar donde vivimos, etc., etc., etc. Simple nada más no es aceptable. Por qué, porque nadie quiere que le falte la belleza, o considerase ordinarios de cualquier forma, especialmente si eso significa alcanzar el nivel de feo. La definición de "Simple" es bastante relativa, teniendo en cuenta el ojo del espectador. Cuál podría ser perfecto en un ojo es horrible en otro. Es entonces imperativo que descubramos lo que Dios quiere y ajustarnos en consecuencia a nosotros mismos.

Este es el asalto a lo que Dios ve como aceptable que mantiene a Satanás totalmente centrado sin nunca darse por vencido. Si con las distracciones de la vida nos golpea lo suficientemente de la perfecta voluntad de Dios, entonces habrá cumplido su objetivo. No tiene qué inducirnos al pecado grave, solo pervertir nuestra forma de pensar hasta que a la larga nos aleje de la pureza del Evangelio.

Estoy maravillado de que tan pronto os hayáis alejado del que os llamó por la gracia de Cristo, para seguir un evangelio diferente. No que haya otro, sino que hay algunos que os perturban y quieren pervertir el evangelio de Cristo.
. (Gálatas 1:6-7)

Tiempo con Dios es todo. Por esa misma razón Satanás trabaja horas extras, provocando todo tipo de retrasos. Así sean las circunstancias incontrolables, extendiendo un período de espera, o simplemente Satanás siendo Satanás, todo es parte de su bolsa de trucos. Momentos de indecisión pueden golpearnos fuera del tiempo de la voluntad de Dios y permitir ingresar una regla de unción falsa que no tiene jurisdicción.

La unción falsa se ha convertido en la moda de esta generación, porque es muy fácil dejarse persuadir. Con una buena educación y una bolsa llena de talento, ¿quien necesita una unción simplemente envuelta? Si alguna vez vamos a ver nuestro Dios producir las señales y milagros que la Iglesia del primer siglo experimentó, nuestro enfoque debe volver a sus raíces. Debemos exaltar el nombre de Jesús de la manera en que nuestros antepasados hicieron. En su simplicidad es suficientemente poderoso como para traer al mundo por entero a sus pies. Así de simple, ¡así es como Dios trabaja mejor!

Capítulo 1

¿Dónde Están Los Ungidos De Dios?

Y busqué entre ellos hombre que hiciese vallado y que se pusiese en la brecha delante de mí, a favor de la tierra, para que yo no la destruyese; y no lo hallé.
(Ezequiel 22:30)

Durante la sexta semana de nuestro viaje por tres estados, llegamos con nuestro carro de alquiler a la entrada del hogar de un pastor, donde nos íbamos a quedar los siguientes días. Mientras andábamos en nuestras ocupaciones, yendo y viniendo a distintas iglesias todos los días, algo fuera de lo corriente sucedió al tercer día. Sin saberlo nosotros, la vecina del pastor había estado observándonos todo ese tiempo, vigilando cada movimiento nuestro. El servicio del jueves por la noche era en una iglesia a pocas cuadras de distancia, y miren, ella estuvo en la iglesia aquella noche con sus hijos. Cuando llegó el momento de orar por los enfermos, ella se puso en fila. Ella no se sanó durante la primera fase del ministerio, así que procedimos a la siguiente fase. (Nota: En mi ministerio, si después de dos oraciones no se sanan aquellos que están sintiendo dolor, llego a la conclusión que los dolores de ellos no son físicos y en consecuencia empieza a tratarse de problemas emocionales y espirituales. A este nivel, el ministerio se torna más personal y trato con cada persona en secreto en su oído, para evitar que se sienta de alguna manera avergonzada.)

Por Qué No Se Sanaba

En realidad, se sanó del dolor de espalda que estaba sufriendo inicialmente, pero había algo más con lo cual Dios quería tratar. Por supuesto, ella aún estaba sufriendo muchísimo dolor en su mandíbula, y con una palabra de ciencia, comprendí el porqué. Ella estaba abusando de forma verbal a un hombre que le había roto el corazón años atrás y su escupir de veneno era implacable contra él. Dios había resuelto no sanarla hasta que cesaran sus asesinatos verbales. Mientras yo susurraba todo esto a su oído, empezó a sonrojarse y poco a poco las lágrimas comenzaron a rodar por sus mejillas. Ella no podía esconder esto de Dios no importaba lo que dijese o hiciese, ni tampoco podía escapar de Su ira. El dolor de su mandíbula era el resultado de su lengua suelta y su tormento, en realidad, era enviado por Dios.

> *Entonces, llamándole su señor, le dijo: Siervo malvado, toda aquella deuda te perdoné, porque me rogaste. ¿No debías tú también tener misericordia de tu consiervo, como yo tuve misericordia de ti? Entonces su señor, enojado, le entregó a los verdugos, hasta que pagase todo lo que le debía. Así también mi Padre celestial hará con vosotros si no perdonáis de todo corazón cada uno a su hermano sus ofensas.*
> *(Mateo 18:32-35)*

Ella se humilló, admitiendo su error, y al hacer esto el Señor la sanó de inmediato. Su fe creció en proporciones tales que, cuando llegó el momento de orar por aquellos que estaban buscando el Espíritu Santo, ella también vino al altar y fue bautizada en el Espíritu, hablando en otras lenguas.

Una Confesión Sorprendente

A medida que la gente en el altar iba disminuyendo, mi esposa se dirigió al fondo (a la parte de atrás) de la iglesia como hace normalmente, para vender nuestros libros. Fue en ese momento que oímos el resto de la historia. La misma mujer, un tanto avergonzada, le contó a mi esposa que había estado observándonos durante los pasados tres días. Desde el momento en que llegamos y bajamos de nuestro carro, ella pudo percibir que había algo diferente en nosotros, que hacía que su corazón sintiese un mayor anhelo por Dios. Entonces, tomó la decisión de visitar por primera vez la iglesia que estaba a tan solo unas pocas cuadras de distancia. Cuando ingresó al santuario aquel jueves por la noche, no podía creer que Dios la hubiese enviado a la misma iglesia en la que yo iba a ministrar. Fue entonces cuando supo que, aquella noche, el Señor tenía algo especial para ella. Fue nuestra unción lo que la atrajo y le dio la oportunidad de experimentar a Cristo de un modo en el que nunca había pensado que fuese posible.

¡Unción! Es la cosa en el reino de Dios que hace toda la diferencia del mundo. Muy semejante a la sabiduría, debe obtenerse a toda costa. Penetrantemente afila nuestros dones y talentos. Eleva nuestra sensibilidad a la voz de Dios y Su Espíritu, haciéndonos conscientes de circunstancias y situaciones que, bajo condiciones normales, nos pasarían desapercibidas. Pero, ¿qué es la unción? ¿Cómo se adquiere? ¿Está disponible a todos y cada uno de los hijos de Dios? Hagamos un viaje al pasado al Antiguo Testamento para hallar su origen, sus implicaciones físicas y espirituales, con la esperanza de una aplicación para hoy en día de este muy necesario don que se halla escaso en el mundo de hoy.

Preparando El Aceite En El Antiguo Testamento

El aceite de la unción, usado en el Antiguo Testamento, se preparaba de un modo especial para un evento especial. El aceite del santuario que se aplicaba con este propósito no era el aceite ordinario que se consumía en el uso diario. Provenía de olivas verdes, no maduras que se obtenían de los árboles de zonas montañosas[1]. Estas eran extremadamente difíciles de encontrar, y todo el proceso desde el principio hasta el final era lento, laborioso, y particularmente arduo, por no exagerar.

La transformación de la oliva en este aceite especial no estaba completa hasta que la oliva misma fuese completamente aplastada o quebrantada. Tomando en consideración todo lo que se necesitaba para elaborar este valioso aceite, este era verdaderamente considerado un regalo de Dios. Por otra parte, de forma simbólica, era un recordatorio constante de que el llamado de Dios llegaba al hombre modesto e inexperto también, siempre que él estuviese dispuesto a ser completamente quebrantado, permitiendo que la unción de Dios rompiese el yugo. Cuando el proceso estaba concluido, este aceite distintivo solamente podía ser aplicado sobre profetas, sacerdotes, o reyes.

Cuándo Se Aplicaba El Aceite

El ungimiento era en realidad un acontecimiento que muchos habían de presenciar, usualmente en una plaza pública. Como corresponde, debe notarse que la práctica del ungimiento ha cambiado de forma considerable desde la época del Antiguo Testamento. Mientras que hoy una pizca de aceite es suficiente para completar la ceremonia, no era así en ese periodo bíblico. Un frasco entero de aceite (*keren*, 1-2 galones) [2] solía derramarse sobre la cabeza del recipiente. El aceite hallaba su propio camino para bajar por su rostro, sobre su barba, impregnando su vestidura de una fragancia inequívoca que iba a perdurar. Nunca habría duda alguna en la mente de nadie de que este hombre había sido ungido. Desde aquel día en adelante, había una marca sobre él que le separaba para Dios del resto de la humanidad. Era una marca que él no podía negar ni ocultar.

El mensaje más significativo que Dios nos podía transmitir es que al ungir a uno de Sus siervos, el ungimiento mismo siempre incluiría quebrantamiento.

Un Problema Común De Hoy

Dicho esto nos lleva al mayor problema que enfrentamos hoy. Hay demasiados ministrando entre nosotros sin unción genuina. ¿Quién en su sano juicio intentaría cometer tal delito? Digo "un delito" porque la unción en un hijo de Dios siempre ha simbolizado el fluir del Espíritu de Dios sin restricción a través de nosotros[3]. No puede haber un poder más grandioso prometido que pueda proveer la victoria que buscamos cuando la oposición satánica alza su repugnante cabeza. No obstante, parece que seguimos la dirección de nuestros antepasados de la Biblia, cuando fallamos de forma miserable al solucionar problemas que nos dejan aturdidos. Ellos también carecían de una unción genuina; nunca permitieron que el Señor les llevase a un lugar de total quebrantamiento.

Los hijos de Israel no sabían cómo manejar el tiempo de espera al cual habían sido sometidos cuando Moisés subió al Monte Sinaí. Su desasosiego se tornó en murmuraciones, que a su vez empezó a significar problemas para Aarón, el sacerdote que había sido dejado al cargo mientras Moisés estuviese fuera. Sus quejas le pusieron ante un dilema, porque, aunque ellos anhelaban adorar a Dios, le estaban pidiendo a él que produjese un dios que ellos pudiesen ver de verdad. Para calmar su ansiedad, él les edificó un becerro de oro y lo que ocurrió después fue aterrador.

> *y él los tomó de las manos de ellos, y le dio forma con buril, e hizo de ello un becerro de fundición. Entonces dijeron: Israel, estos son tus dioses, que te sacaron de la tierra de Egipto. Y viendo esto Aarón, edificó un altar delante del becerro; y pregonó Aarón, y dijo: Mañana será fiesta para Jehová. Y al día siguiente madrugaron, y ofrecieron holocaustos, y presentaron ofrendas de paz; y se sentó el pueblo a comer y a beber, y se levantó a regocijarse.* (Éxodo 32:4-6)

El Grave Error De Aarón

Era bastante mal que Aarón sucumbiese a los gritos de este puñado de rebeldes y les construyese un dios que ellos pudieran ver. Pero la siguiente secuencia de sucesos prueba con seguridad que efectuar el ministerio sin tener unción conduce al desastre. Usted habría pensado que cuando los hijos de Israel proclamaron su nuevo Dios como el dios que los había sacado de Egipto, eso de inmediato debería haber hecho que se alzara una bandera roja en la mente de Aarón. Puesto que el Espíritu de Dios no le estaba guiando para hacer lo que era correcto, él no podía discernir la diferencia, y continuó llevando a cabo su rutina normal de hacer sacrificios. Había perdido por completo la pista del significado de su sagrada labor, permitiendo que se convirtiese en nada más que un mero ritual. Cuando Dios estableció ofrendas de holocausto como un sacrificio a Él, estaba implicado que habían de rendirse por completo a Él, Jehová, en una devoción sin reservas. Las ofrendas de paz, por otra parte, fueron creadas para llevar a ambas partes a un lugar de paz y reconciliación[4]. La obediencia a los mandamientos de Dios debe hacerse con el espíritu correcto, de otro modo se convierte en nada más que hacer las cosas de forma mecánica, lo cual a su vez es inaceptable para el Maestro.

Cuando aquellos de nosotros hoy, que somos llamados al ministerio, comienzan a ministrar sin unción, nuestra capacidad para discernir la verdad se ve debilitada. La revelación de conocer al único Dios verdadero se pierde, todos los dioses y religiones se vuelven comunes, y llegamos a la conclusión de que no hay diferencia con lo que es auténtico. Creemos ciegamente que mientras exista una adoración sincera, realmente no importa nada más.

¿Puede usted comprender ahora por qué Dios está buscando a hombres y mujeres ungidos en los tiempos en que vivimos? Hay una guerra total en marcha, una que no toma prisioneros. Si ha de ganarse de un modo eficaz, debe pelearse bajo los términos de Dios, usando lo mejor que el Cielo tiene que ofrecer.

> *porque las armas de nuestra milicia no son carnales, sino poderosas en Dios para la destrucción de fortalezas, derribando argumentos y toda altivez que se levanta contra el conocimiento de Dios, y llevando*

> *cautivo todo pensamiento a la obediencia a Cristo,*
> *(2 Corintios 10:4-5)*

Para todo aquello en contra de lo cual nosotros guerreamos, no hay rival para un hijo ungido de Dios. Armadas, peligrosas, y plenamente equipadas son las credenciales incomparables con las que el enemigo tiene que tratar, cuando batalla con el pueblo escogido de Dios. La unción romperá todas y cada una de las barreras que intenten impedir las bendiciones de las promesas de Dios para Sus hijos. *...y el yugo se pudrirá a causa de la unción. (Isaías 10:27)* Eso, amigo mío, no es una amenaza, es una promesa.

Un Error Aún Mayor

Tan angustioso como es ponderar la noción de que las batallas espirituales se pelean diariamente sin una unción, aún mayor es la tragedia de darse cuenta de que hay hijos de Dios con una gran unción sin siquiera saber que la tienen a su disposición. Esta es la situación exacta en la que Gedeón se encontró cuando tuvo el llamado de Dios. Miren las palabras de Gedeón cuando, como si estuviese en completo shock y en total desacuerdo, rechazó el llamamiento de Dios.

> *Y el ángel de Jehová se le apareció, y le dijo: Jehová está contigo, varón esforzado y valiente. Y mirándole Jehová, le dijo: Ve con esta tu fuerza, y salvarás a Israel de la mano de los madianitas. ¿No te envío yo? Entonces le respondió: Ah, señor mío, ¿con qué salvaré yo a Israel? He aquí que mi familia es pobre en Manasés, y yo el menor en la casa de mi padre.*
> *(Jueces 6:12,14-15)*

No fue suficiente que un ángel del Señor se le apareciese personalmente con una candida declaración de Dios mismo. Con ese mensaje rechazado, el Señor tomó al toro por los cuernos y habló directamente a este hombre de Dios, quien no tenía pista alguna respecto a lo que Dios había depositado en su alma. Tan directo como puede serlo Dios, aún así Gedeón tenía sus dudas y era reservado para con Dios.

...Dios, a quien creyó, el cual da vida a los muertos, y llama las cosas que no son, como si fuesen.
(Romanos 4:17)

Desesperanzadamente, Gedeón no era consciente de los planes y el propósito que Dios había designado específicamente para su vida. Si tan solo Gedeón hubiese podido ver de qué modo lo veía Dios a él, no habría sido tan tímido para aceptar los perfiles de grandeza que definirían su vida por una eternidad. Pero aun la más mayor de las unciones no puede ser suelta sin fe. Dios estaba dispuesto a soportar estas deficiencias de fe, sabiendo que con los pequeños pasos que Gedeón estaba dispuesto a dar, eso de forma eventual le iba a catapultar al dominio espiritual que Dios tenía en mente desde el principio.

Comienza La Instrucción De Gedeón

Las lecciones comenzaron cuando Dios hizo salir fuego de la roca y consumió el sacrificio de Gedeón. El Señor, con una gran demostración de paciencia, puso rocío sobre un vellón, luego revirtió el proceso al día siguiente. Fue inmediatamente después de esta demostración de poder que la unción descendió sobre Gedeón, desencadenando una fe recientemente hallada. Los ejércitos de Israel reconocieron que en el pasado no había en su líder una confianza tan clara, y estuvieron dispuestos a seguirle a la batalla sin ninguna reserva en absoluto.

Una unción impulsada por la fe le conducirá a usted a lugares a los cuales la mayoría de la gente no les está permitido llegar. Este tipo de unción le hará saltar a usted a niveles de preeminencia con los que la mayoría de la gente solo puede soñar. Le ayudará a usted a alcanzar hazañas que están reservadas y escondidas de los ojos de otros, en los archivos de lo imposible. Esa es la razón por la que creo que cuando Gedeón pidió a 22,000 tropas que se fuesen a casa, dejándolo a él con tan solo 10,000 hombres para pelear, aquellos que se quedaron ni se turbaron. Cuando este guerrero valiente siguió de forma gradual reduciendo su ejército a unos insignificantes 300, eso no desconcertó a los sobrantes. ¿Por qué? Podría usted preguntar. Uno no tendría que contar cabezas para comprender que la batalla estaba a favor de ellos una vez que hubo descendido sobre ellos la unción. *¿Qué, pues, diremos a esto? Si Dios es por nosotros, ¿quién contra nosotros? (Romanos 8:31)* Con Dios y Su unción fluyendo libremente, el diablo no tendría ninguna chanza.

Sucede Un Quebrantamiento

Estaba escrito, más atrás en el capítulo, que la rendición y/o quebrantamiento es esencial para que la unción de Dios ocurra sin impedimentos en nuestras vidas. La victoria de Gedeón sobre los madianitas confirma ese hecho. Fue cuando aceptó el desafío de conducir a Israel a la batalla que la voluntad de él fue quebrantada. Para que él llevase a cabo lo que Dios le había enviado a hacer, era preciso que tuviese lugar una rendición adicional. Él separó sus 300 hombres, armándolos con una trompeta y una vasija de barro con una antorcha en su interior nada más. A la señal indicada, los 300 hombres siguieron las instrucciones de Gedeón, haciendo sonar sus trompetas y quebrando sus vasijas. ¿Quién en su sano juicio hubiera creído que esta maniobra tendría alguna oportunidad de éxito? Un hijo ungido de Dios lo habría creído, y sin mover un dedo, Gedeón y sus hombres contemplaron en su asombro, cómo el Espíritu del Señor trajo una gran confusión al campamento madianita, haciendo que se matasen los unos a los otros.

Resulta asombroso pensar cuánto podría Dios lograr en esta tierra si tan solo pudiese Él hallar a más personas dispuestas a ser quebrantadas y ungidas. Él ya tiene lo que se necesita para efectuar esta obra, a ti y a mí. Él no debería verse forzado a ponernos una pistola en la cabeza cuando deberían haber sido suficientes los esfuerzos que Él hizo para revelarse a Sí mismo a nosotros en el momento de la salvación. Cuando Él fue en busca de nosotros, eso fue más que una mirada casual. Él sabía a quién quería, dónde hallarnos, y cómo atraer nuestra atención. Nosotros fuimos seleccionados con esmero y cuidadosamente escogidos.

No me elegisteis vosotros a mí, sino que yo os elegí a vosotros, y os he puesto para que vayáis y llevéis fruto, y vuestro fruto permanezca; para que todo lo que pidiereis al Padre en mi nombre, él os lo dé.

(Juan 15:16)

Se ha dispuesto el escenario para dar paso libre a la gloria de Dios, una persona ungida a la vez. ¿Qué está reteniendo las puertas de los cielos, restringiendo este desbordamiento de la unción? Creo que son nuestros sentimientos de incapacidad los que causan el corto circuito a ese flujo. Reaccionamos de forma muy parecida al personaje de un relato que oí años atrás.

Al fin compraron una particular vasija de barro a un alfarero que la había mantenido en exhibición en la ventana de al frente. Es triste decir que, el nuevo dueño la devolvió después de un par de días, quejándose de que el aceite en su interior tenía un sabor muy parecido al de la vasija. El sabor era tan fuerte que quitaba el dulzor al aceite. El alfarero, totalmente abochornado, se apresuró a hacer el cambio, poniendo la vasija de vuelta en el estante. Sintiéndose de algún modo sin valor, la vasija llegó a la conclusión de que nunca sería lo bastante buena. Pero algo empezó a suceder cuanto más tiempo pasaba en el estante. El aceite empezó a penetrar en las paredes de la vasija, impidiendo el paso a los ingredientes que diluían el sabor del aceite. En otras palabras, estaba teniendo lugar un quebrantamiento, cambiando la entera composición de una vasija que parecía insignificante. Sin el quebrantamiento, la vasija nunca habría alcanzado su potencial. Con él, se convirtió en el valioso producto básico que el alfarero tuvo en mente cuando la creó al principio.

Identificación Con El Quebrantamiento

Yo me puedo ver identificado muy bien con esta vasija, porque mi vida entera ha estado llena de mucho quebrantamiento. A la edad de 5 años cuando el polio atacó mi cuerpo, esta enfermedad mortal dejó sus marcas incapacitantes. Mi brazo derecho quedó atrofiado y mi pierna derecha ligeramente más larga que la izquierda. La parte superior de mi cuerpo carecía de fuerza, así que a medida que me hice mayor, la forma de mi cuerpo se metamorfoseó a aquella de una silueta similar a una pera. Las cicatrices emocionales que dejó esta enfermedad son unas que aún han de ser vencidas. Se puede decir que de niño, mi cuerpo estaba quebrantado.

Hay varios sucesos en mi vida que han hecho que mi espíritu se quiebre. Yo probablemente podría escribir un libro entero sobre este tema. Una y otra vez a lo largo de mi vida, he sido devuelto a la rueda del alfarero a fin de ser enmendado y renovado. El propósito de este quebrantamiento ha sido siempre por la misma razón, renovarme para parecerme más a mi Salvador. Recuerdo que, muchas veces después de haber sido quebrantado tan duramente, me dije a mí mismo, yo creo que no podría pasar por ninguna otra cosa que me hiciese tanto daño como me ha hecho esto. Entonces, de improviso, algo surgió de forma inesperada para causar un dolor aún más profundo que solo la gracia de Dios podía sanar.

Nunca pude imaginar sentir un dolor con tanta angustia como cuando mi primer matrimonio terminó en divorcio. El dolor que se me pedía que tolerase no era únicamente intenso y desconcertante, también persistió durante lo que pareció ser una eternidad. La desesperanza y la desesperación condujeron a grandes depresiones. Yo relaté en mi primer libro, **Un Día Malo**, los pensamientos de suicidio que empezaron a correr sin control dentro de mi cabeza todos los días. Aumentaron en número hasta que el quebrantamiento estuvo completo. Se puede decir que, cuando los cinco años de separación de mi primera esposa terminaron en divorcio, mi espíritu estaba completamente quebrantado.

Fue en este punto, en el cual el Señor actúo para completar la trifecta, quebrantando la voluntad propia. Esta es la etapa en la que adoptamos la actitud que el Señor mismo desplegó en el jardín de Getsemaní. Por la oración que Él hizo tres veces al Padre, mostró falta de disposición a morir.

"Padre mío, si es posible, pase de mí esta copa; pero no sea como yo quiero, sino como tú."
(Mateo 26:39)

Cuando finalmente se quebrantó su voluntad, obtuvo la fuerza para aguantar la brutal muerte en el Calvario y se completó la misión para la cual Él había sido traído a este mundo.

Humillarse a sí mismo de forma que la voluntad de uno pueda ser quebrantada es probablemente la más difícil de todas las formas que hay de quebrantarse. Pues, para cualquier cosa que vale la pena, tenemos una agenda que está más bien fijada en piedra, e incluso dejar que Dios la ajuste no es opción nuestra. Es por esa misma razón que Dios quebrantará primero nuestro espíritu para prepararnos para el más importante quebrantamiento que vamos a experimentar jamás.

Cuando pasó la tormenta y mi día malo había pasado, yo había considerado la idea de que, con mi nueva vida, yo podría posiblemente regresar a pastorear, lo cual era mi primer amor. Habían muchos de la familia de mi nueva esposa que todavía no habían aceptado al Señor y, a primera vista, parecía un magnífico lugar en el que comenzar. He aquí que el Señor tenía otros planes. No solo no íbamos a pastorear, se nos pidió que nos mudáramos lejos de la familia al estado de Texas, donde no conocíamos a nadie. Si no fuera por el hecho de que acababa de salir de un quebrantamiento tan agotador y arduo, yo habría ofrecido mucha más resistencia. Tal como sucedió, me humillé a mí mismo sin contestar. El quebrantamiento final de mi voluntad dejó al descubierto una unción más pura, más poderosa que jamás he experimentado. Sin lugar a duda, cuando hicimos nuestra mudanza a Texas, mi voluntad fue quebrantada.

Y busqué entre ellos hombre que hiciese vallado y que se pusiese en la brecha delante de mí, a favor de la tierra, para que yo no la destruyese; y no lo hallé.
(Ezequiel 22:30)

Encontrando Un Hombre

La razón por la que el Señor tuvo tanta dificultad para encontrar a alguien para levantar ese muro fue porque un muro debe hacerse de piedra tallada. A las piedras talladas se les da forma con pesados golpes cortantes. Ahora sé que el Señor estaba hablando de manera figurativa, no obstante, nadie quiere ingresar al ministerio si esto le va a traer varios golpes para conformarlo a Su imagen. Odiamos admitirlo, pero ese es justamente Su modo de tratar. Si usted va a ser ungido y usado intensamente por Dios, usted debe estar dispuesto a ser quebrantado.

¿No es hora de que usted permita al Señor quebrantarle de modo que Él le pueda ungir? Tome en serio las palabras de Juan el Bautista cuando dijo, *Es necesario que él crezca, pero que yo mengue (Juan 3:30)* No hay necesidad que usted se preocupe de que en ese instante la gente vaya a observar más de usted, que de Cristo que vive en su interior. Usted llegará al punto en que la unción va a desbordarse, y todo lo que ellos van a mirar es a Jesús.

Notas finales

1. Manners and Customs of the Bible, Beaten Oil, (Aceite batido)
2. Bodner, 1 Samuel, Pág. 93
3. 1 Juan 2:20, 27
4. Nelson's Bible Dictionary, Sacrificial Offerings (Ofrendas de sacrificio)

Capítulo 2

Solo Vamos A La Mitad
(SOLO PARA MINISTROS)

con potencia de señales y prodigios, en el poder del Espíritu de Dios; ....todo lo he llenado del evangelio de Cristo. *(Romanos 15:19)*

Pagar el precio completo por cualquier cosa parece muy anti-americano. Si no hemos sido instruidos en el arte de la negociación, nuestra educación ha sido muy limitada. ¿Por qué? Porque todas las cosas en la vida son negociables. Tuve mis primeras lecciones en este arte cuando era un muchacho, cuando observaba con curiosidad a mi padre abrirse camino para conseguir un precio menor cuando visitábamos la ciudad fronteriza de Tijuana. No era tanto que no pudiésemos pagar el precio que pedían, sino más bien el principio de saber que se podía comprar algo por bastante menos de lo que valía. Aprendí a una edad temprana, si fuera posible de alguna forma, no pagar el precio completo.

Parece que Jacob procedía de la misma escuela de filosofía. Porfiar, tratar, y regatear, todo formaba parte de su gama de negociar en su trayecto para una mejor vida. Sus ratos de buena suerte serían bastantemente acortados si no se hubiesen asegurado mediante algún tipo de lucha anómala. Si alguna vez ha existido un hombre que haya vivido conforme a su nombre, ese fue en verdad él. No obstante, es totalmente alucinante reflexionar sobre el hecho de que hay muchos en el ministerio hoy que pertenecen a la misma categoría. El llamado de Dios en la vida de una persona no puede ser negociado; debe hacerse bajo Sus términos.

Aquí No Hay Negociación.

Elías deliberadamente se quejó al Señor tras la masacre del Monte Carmelo, contando con el hecho que, las protestas de él eran lo suficientemente legítimas para causar lástima de este profeta angustiado. Escuchen la conversación de ellos:

El respondió: He sentido un vivo celo por Jehová Dios de los ejércitos; porque los hijos de Israel han dejado tu pacto, han derribado tus altares, y han matado a espada a tus profetas; y sólo yo he quedado, y me buscan para quitarme la vida.

El Señor a su vez responde con esto: *Y yo haré que queden en Israel siete mil, cuyas rodillas no se doblaron ante Baal, y cuyas bocas no lo besaron. (1 Reyes 19:14,18)* En otras palabras, el Señor estaba declarando claramente el hecho de que si a este profeta miedoso no le gustaban las condiciones o los términos de esta posición, él pudo fácilmente ser sustituido. Su reemplazo sería más celoso, más apasionado, y por encima de todo dispuesto a cumplir con todo lo que el Señor estaba pidiendo de él. Él solamente necesitaba decir la palabra y los arreglos necesarios se efectuarían.

Comprender que la negociación con Dios no es una opción, también debemos tener en mente que el ministerio debe ser completo. Es imperativo que nosotros captemos el entendimiento de que nuestros ministerios deberían incorporar las señales poderosas y milagros de los que la iglesia primitiva hacía uso en su vida diaria. Thayer's Greek Lexicon define la frase "*todo lo he llenado*" en Romanos 15:19 para simplemente querer decir, "causar que la voluntad de Dios sea obedecida como debería, hacerse por completo." Si eso es verdad, y se pone a prueba en nuestros ministerios, debemos admitir con pena que estamos solo a la mitad del camino.

Moviéndose en la Dirección Equivocada

Al continuar nuestro escrutinio de nuestros ministerios hoy, siempre es crucial estar ministrando en el poder del Espíritu Santo. Cuando hablo a aquellos, como a mí mismo, con una herencia pentecostal hemos de llegar a la comprensión del hecho de que el entendimiento de este concepto ha sido de algún modo distorsionado por nuestra imperturbable búsqueda del movimiento de ese mismo Espíritu. Ministrar en el poder del Espíritu abarca mucho más que un simple danzar bajo el Espíritu Santo en un domingo por la noche. Un poderoso movimiento del Espíritu de Dios debería conducirnos el desatar de Sus dones, lo cual a su vez permite lo milagroso a través de la unción a salvar, sanar, y llenar del Espíritu Santo. Los milagros, las señales, y maravillas deberían ser la norma, no la excepción.

Por lo que estoy abogando no se trata necesariamente de una nueva creencia. Estoy seguro de que se puede rastrear a través de la historia de la iglesia. No obstante, debido a que no hemos experimentado esto durante nuestra propia vida, se pierde por completo, resulta en algo que nunca se usa y aprovecha. Nosotros estamos más dispuestos a aceptar mitos probados por el tiempo, que nos mantienen en zonas cómodas donde las ideas modernas no pueden fácilmente penetrar. Uno de estos mitos es que los ministerios comienzan y acaban en la predicación. Concentrarse en una buena predicación es más importante que nunca antes. Por supuesto, ni que decir del beneficio de levantar buenos predicadores jóvenes. La forma para esta generación podría ser con seguridad, *Procura con diligencia presentarte a Dios aprobado, como obrero que no tiene de qué avergonzarse, que usa bien la palabra de verdad. (2 Tim 2:15)* Hay un objetivo común que ha empezado a materializarse justo delante de nuestros ojos y es que esta nueva cosecha de predicadores creen que ellos serán mejores que sus mentores, los que de hecho son su fuerza guiadora. La otra cara de esto es que ha sido levantada una facción donde la especialización en predicar ha negado cualquier esfuerzo por ministrar. Ellos manifiestan gran habilidad oratoria, no obstante son deficientes en el poder del Espíritu. Como he mencionado antes, nos estamos conformando con un movimiento del Espíritu Santo cuando Él querría ir un paso más allá para desatar Su gloria.

Pablo Tampoco Pudo Hacer Que Entendieran Su Mensaje

El apóstol Pablo encontró problemas similares en los corintios. Ellos se sentían excesivamente orgullosos de sus propias "palabras". Aunque el apóstol se esforzó por ponerles un ejemplo que pudieran seguir con facilidad, una vez que partió, ellos tomaron la decisión de ir en otra dirección. Había una razón por la que el apóstol era tan insistente en sus instrucciones, *Por tanto, os ruego que me imitéis. (1 Cor 4:16)* Su ministerio se fundaba sobre la base del poder, no de palabras. La comprensión de Pablo de las cosas espirituales excedía por mucho a la de sus discípulos corintios, como se muestra por sus palabras a ellos en el capítulo 4 versículo 20 *Porque el reino de Dios no consiste en palabras, sino en poder.* Estas palabras también serían de alguna manera difícil de aceptar por futuras generaciones.

Pues los mofadores y burlones creen que Pablo está contradiciendo al autor de Hebreos al ir en contra de sus palabras en Hebreos 4:12, tomemos un momento para ver este pasaje de la Escritura:

> *Porque la palabra de Dios es viva y eficaz, y más cortante que toda espada de dos filos; y penetra hasta partir el alma y el espíritu, las coyunturas y los tuétanos, y discierne los pensamientos y las intenciones del corazón.*

La Escritura mencionada resulta verdad en el caso de y solo si la mente no está rotundamente cerrada. Esto ayuda a explicar por qué una persona no salva, oye un mensaje ungido de Dios y puede alejarse literalmente sin conmoverse, simplemente rechazando la oferta de Dios para su salvación. La palabra tiene un efecto profundo solamente sobre los que tienen hambre y sed de justicia.

Se dice que, vivimos en una era que están listos a aceptar el engaño y mensajes fabricados desde nuestros púlpitos. No puedo contar de las veces que he oído a un predicador predicar un mensaje dinámico, diciendo que Dios le había dado a él la inspiración para ese servicio particular, sabiendo que él había predicado ese mensaje literalmente de un libro popular del día. La competición por la excelencia ha llegado a la aspiración equivocada con la esperanza de verse bien a los ojos de nuestra audiencia. Durante todo el tiempo ambos, los inconversos y la Iglesia, andan sin ser ministrados.

Hora De Una Discusión Cara A Cara

Con toda honestidad, es hora de una discusión cara a cara muy parecida a la que tuvo lugar en el Monte Carmelo entre Elías y los profetas de Baal. Estos falsos profetas tenían la confianza del rey Acab y estaban ayudando a conducir a Israel a la idolatría. Sin embargo, eran todas palabras y ningún hecho. Ellos eran elocuentes en su hablar, articulaban de todas las maneras. Se expresaban de modos que pudieran mover a la multitud a un frenesí, pero el resultado final era que su ministerio no tenía poder. Solo estaban a la mitad.

La competencia por supremacía divina era simple. Construir un altar, y cualquier dios que contestase su oración consumiendo el sacrificio con fuego, sería designado como el único Dios verdadero. Los profetas de Baal tomaron la delantera, pero la idea de su demostración era algo que dejaba que desear. Por horas y horas, saltando sobre el altar, haciéndose cortadas hasta sangrar, esta expresiva demostración de emoción no trajo los resultados deseados. Sus corajes y arrebatos llegaron a hacerse cómicos, y Elías empezó a hacerles perder la calma con su burla.

Y ellos tomaron el buey que les fue dado y lo prepararon, e invocaron el nombre de Baal desde la mañana hasta el mediodía, diciendo: ¡Baal, respóndenos! Pero no había voz, ni quien respondiese; entre tanto, ellos andaban saltando cerca del altar que habían hecho. Y aconteció al mediodía, que Elías se burlaba de ellos, diciendo: Gritad en alta voz, porque dios es; quizá está meditando, o tiene algún trabajo, o va de camino; tal vez duerme, y hay que despertarle. Y ellos clamaban a grandes voces, y se sajaban con cuchillos y con lancetas conforme a su costumbre, hasta chorrear la sangre sobre ellos. Pasó el mediodía, y ellos siguieron gritando frenéticamente hasta la hora de ofrecerse el sacrificio, pero no hubo ninguna voz, ni quien respondiese ni escuchase.   (1 Reyes 18:26-29)

Ellos continuaron sus palabreos hasta el sacrificio del atardecer, en vano. Finalmente se sentaron en completa derrota, cediendo el paso a un hombre ungido de Dios.

Cuando Elías tomó enfáticamente el control de la situación, no le tomó mucho tiempo convencer a la multitud que como profeta de Dios tenía mucha experiencia para demostrar el poder de Dios. Compruebe su resumen y hallará que fue él (Elías) quien profetizó la falta de lluvia por un periodo de tres años. Con ese tipo de unción actuando a favor de usted, ¿de qué hay de que temer? Él procedió a construir un altar y preparó un sacrificio de acuerdo a la ley de Moisés. Para demostrar la confianza y fe que tenía en su Dios, él pidió ayuda para derramar cuatro ollas de agua sobre el sacrificio, no una vez, ni dos, sino tres veces.

Fue en este enlace de las Escrituras que Elías se exhibió para que todos viesen la poderosa unción que Dios había depositado en su vida. Escuche esta sencilla oración:

Cuando llegó la hora de ofrecerse el holocausto, se acercó el profeta Elías y dijo: Jehová Dios de Abraham, de Isaac y de Israel, sea hoy manifiesto que tú eres Dios en Israel, y que yo soy tu siervo, y que por mandato tuyo he hecho todas estas cosas. Respóndeme, Jehová, respóndeme, para que conozca

este pueblo que tú, oh Jehová, eres el Dios, y que tú vuelves a ti el corazón de ellos.
(1 Reyes 18:36-37)

Tomó solamente un total de 63 palabras expresadas en aproximadamente 24 segundos para que el Dios de los cielos respondiese con el fuego suficiente para consumir totalmente el sacrificio de Elías.

¿Qué le costó a Elías obtener ese tipo de poder y unción? ¿Está fácilmente disponible a cualquiera del reino de Dios, o está reservado a unos pocos valiosos? Al hacerme estas preguntas a mí mismo, llegué a la conclusión de que hay un proceso de tres pasos que abriría con llave las puertas a fuentes ilimitadas de unción.

El proceso Hacia Una Poderosa Unción

La separación del mundo y para Dios es el primer paso. Segunda a los Corintios 6:17 declara: Por *lo cual, Salid de en medio de ellos, y apartaos, dice el Señor Y no toquéis lo inmundo; Y yo os recibiré,* Ser apartados significa ser separados para un propósito, literalmente cortados. Cuando fui iniciado en el ministerio, el término que se usaba para explicar el proceso era "ser apartado para el ministerio". Había el entendimiento de que aunque los amigos y la familia continuasen siendo parte íntegra de mi vida, era igual de importante apartar tiempo alejado de ellos para acercarme más a Dios. Necesitaba crear un nuevo estilo de vida, sacrificar tiempo de mi rutina normal para acomodar mis nuevas responsabilidades para con Dios. He observado entre muchos de mis colegas esa falta de separación. Es mucho más fácil añadir ministerio a las listas de nuestras habilidades que reinventarnos a nosotros mismos mediante nuestra separación para Dios. Si estamos dispuestos a dar ese primer paso en nuestro nuevo modo de vivir, entonces el siguiente paso no nos parecerá tan intimidante ya que seguiremos adelante para rendir nuestras vidas al Señor.

La consagración al Padre, el segundo paso, ha descendido al nivel de un "mal necesario" en vez de una forma de vida.

La oración, el ayuno, y el estar en Su presencia nunca ha sido la idea del hombre de conseguir que las cosas se efectúen de un modo más eficiente en el reino de Dios. En los días de ritmo rápido en que vivimos, los caminos de Dios son extremadamente lentos y Sus métodos arcaicos han sido gradualmente reemplazados por nuestros talentos, el saber cómo, y la tecnología moderna. Nos interesamos en una consagración mínima a fin de cubrir todo lo básico, asegurándonos de que no estamos esquivando esa especial área del reino de Dios.

Pero se ha hecho evidente que hemos malentendido el propósito de la consagración así como su importancia. Se nos ha enseñado que mientras hagamos sacrificios al Señor, somos nosotros quienes nos consagramos a nosotros mismos. Eso está tan lejos de la verdad que precisamos revisar Levítico 8:33 para descubrir de dónde viene en realidad nuestra consagración.

De la puerta del tabernáculo de reunión no saldréis en siete días, hasta el día que se cumplan los días de vuestras consagraciones; porque por siete días seréis consagrados.

Creer que somos consagrados por nuestros propios esfuerzos es casi tan absurdo como creer que podemos limpiarnos a nosotros mismos de nuestro pecado. Consagrar nuestras vidas es cosa de Dios, se basa en nuestra disposición para humillarnos a nosotros mismos en Su presencia hasta que Él complete el trabajo. Es entonces y únicamente entonces, cuando el fruto de nuestro sacrificio puede hacerse fácilmente disponible para nosotros.

Cuando el Señor termina de consagrarnos, los beneficios que nos esperan están muy por encima de lo que merecemos. Una vida consagrada resulta una relación íntima con el Maestro. No solo hay una recién hallada sensación de realización en Él, hay una reposición de fortaleza para el alma cansada, vigorizando el espíritu para seguir adelante con la vitalidad que Dios da. Si eso no fuese suficiente, el poder y el dominio a niveles aumentados están ahora a nuestra disposición, causando estragos en el enemigo. Todo eso fructifica cuando Dios toma la decisión de consagrarnos. Nuestra relación inicial con Él crece hasta llegar a una relación íntima. Es esa relación íntima con nuestro Padre Celestial lo que pone en movimiento el poder y unción que nosotros buscamos en Él de forma tan desesperada.

Lo Que Realmente Carecemos Hoy

Se ha tratado dos pasos que hay en el proceso para obtener poder y unción. Ahora es tiempo de proceder al último paso, lo cual es demostración. El apóstol Pablo invariablemente sabía que la demostración era el arma secreta de su poder y unción. Él no tenía ningún problema en admitir sus debilidades porque entendía que con un paso de fe, él podía superarlas con el poder y la unción que ponía a su disposición su vida consagrada.

> *Y estuve entre vosotros con debilidad, y mucho temor y temblor; y ni mi palabra ni mi predicación fue con palabras persuasivas de humana sabiduría, sino con demostración del Espíritu y de poder, para que vuestra fe no esté fundada en la sabiduría de los hombres, sino en el poder de Dios.*
> *(1 Corintios 2:3-5)*

Su honestidad nos ayuda a concluir que hay más en el ministerio que predicar. En realidad, solo vamos a la mitad.

Como evangelista, mi punto de vista ha sido usualmente bastante diferente del de aquellos con quienes entro en contacto. Al tener la capacidad de viajar a través de los Estados Unidos, México, y América Central y del Sur, he podido ampliar mis horizontes con un cuadro más claro del estado en que la Iglesia se encuentra hoy. Estoy rápidamente acercándome a la marca de 40 años en mi servicio al Señor, y he visto venir e irse ambos, bueno y malo. Nosotros como ministros hemos progresado a pasos agigantados y hemos recurrido a nuestro proceso de maduración. Nuestro trabajo en el campo nos ha traído gran éxito. Durante años habíamos luchado con nuestras maneras solemnes sobre la plataforma. Era común para nosotros amonestar a nuestras congregaciones para ofrecer más de un esfuerzo en la alabanza y adoración de ellos, mientras que al mismo tiempo ofrecíamos poco de nosotros mismos. Posteriormente hemos cambiado nuestras maneras y nuestro acercamiento a Él en el Espíritu, incluyendo nuestro nivel de adoración que asciende a los cielos como olor fragante a Él. Sin embargo, hay una cosa, que creo que hemos olvidado cuando nos acercamos a Él. Tan importante como es ministrar a nuestro Maestro, igual de importante es ministrar a Sus hijos. Parece que es una extraña afirmación hecha a aquellos que predican al menos un par de veces por semana a sus congregaciones. El predicar toca al pueblo de Dios a la distancia, mientras que las señales y milagros van a ministrarles de una manera más personal. La predicación se efectúa generalmente por causa de ellos, sin embargo el soltar de señales y milagros en sus vidas son el "golpe directo" del cielo que a ellos les falta.

El Buen Samaritano

Es un tanto inquietante aceptar la idea de que nuestros ministerios tienen su paralelo con aquellos que encontramos en el relato del buen samaritano. (Lucas 10:33-37) En esta parábola, Jesús contó una historia de cierto hombre que hizo el viaje de Jerusalén a Jericó. Mientras estaba de viaje, fue atacado, robado, y dado por muerto. Poco tiempo después, un sacerdote que también estaba viajando a Jericó hizo un esfuerzo mayor para esquivar a este hombre en necesidad al conscientemente cruzar al otro lado de la calle. Al hacerlo así, él esperaba estar lo suficiente lejos de la situación como para no tener que tratar con esta. No fue mucho tiempo después de esto que un levita también vino pasando por allí. Él no fue tan groseramente negligente como el sacerdote, ya que él al menos echó una mirada disimulada a este hombre herido, quizás murmurando entre dientes alguna cosa para sí antes de también cruzar la calle para evitar cualquier confrontación más directa con este extraño que estaba más muerto que vivo.

Debido a que ninguno de sus seguidores jamás iba a enterarse de esta indiscreción, sus reputaciones quedarían intactas. ¿Quién podría culparles? Ellos iban de camino a casa tras un duro día de trabajo. En aquellos días, Jericó era considerada como la "Palm Springs" de Palestina y sus mentes estaban puestas en un pequeño rato para descanso y recreación. Esta línea de razonamiento habría sido absolutamente aceptada si no fuese por el hecho de que un samaritano que hacía su viaje a Jericó por la misma razón se detuvo para dar socorro. No solo vendó las heridas del extraño, lo llevó a un hotel, alquiló un cuarto, y cuidó de él por el resto de la noche. Aún más, a la mañana siguiente habló con el mesonero, le pagó por las molestias ocasionadas y le dijo que siguiese cuidando de este extraño. Si hubiera de gastar más dinero, que lo hiciera, y cuando el samaritano regresase, él le pagaría de vuelta lo que había gastado para cuidar de este hombre.

De lo que se destaca en este relato, el lector debería tomar nota de esto. El samaritano usó vino y aceite par vendar las heridas, dando alivio del dolor al extraño. En otras palabras, tuvo lugar un ungimiento puesto que el samaritano le ministró personalmente a él. Nuestros ministerios empiezan y acaban detrás del púlpito. La distancia de la plataforma al altar es la misma distancia que el sacerdote y el levita necesitaban para cruzar la calle. Si eso fuese cierto, ¿por qué es tan difícil para nosotros dejar la zona cómoda detrás del púlpito, y bajar al altar donde está la verdadera necesidad? Si comparamos nuestros ministerios con aquél del samaritano, realmente estamos a la mitad.

Mis palabras hasta este punto han ido de algún modo sin rodeos y han sido poco comprensivas para los ministros que aún no han expandido sus ministerios más allá de la predicación. Hay, por supuesto, una línea de razonamiento para un lenguaje tan franco. Escuchen algo que me ocurrió hace un par de años.

Una Dura Lección Aprendida

Cuando yo estaba creciendo, viví durante varios años al lado de un vecino particular. Sus hijos eran de una edad bastante similar a la mía y a la de mis hermanas. Cuando la menor de sus hijas, Barbara (no es su verdadero nombre) contrajo matrimonio, se casó con un joven al que la familia siempre parecía menospreciar. Todo el mundo tomaba su turno en atacarlo, pero siendo tan bondadoso como era, los ataques verbales se le resbalaban como el agua en el lomo de un pato. Bobby (no es su verdadero nombre) no era tan rápido para responder a su abuso, si saben ustedes a lo que me refiero, en consecuencia lo aguantaba. Mi corazón siempre estuvo con Bobby, pero realmente nunca me tomé tiempo para hablarle del Señor.

Un día, cuando Bobby vino a visitar a su suegro, noté que estaba cojeando. Cuando le pregunté si se encontraba bien, respondió que no era nada serio, solo era un poco de dolor en su pierna. En cosa de seis meses, él pasó de cojear, a usar un bastón, luego a tener que usar silla de ruedas y finalmente a ser enviado a una casa de reposo. Bobby había tenido un ataque de esclerosis múltiple.

Antes de que se desgastase físicamente, hice un débil intento por ministrarle, tomando dos minutos a lo más. Un día, mientras él estaba sentado en el zaguán delante de la casa de su suegro, hice un breve esfuerzo para hablar con él antes que su suegro se diera cuenta. Su suegro no era un hombre religioso, se encontraba al borde del ateísmo. Él no quería tener nada que ver con Dios, y tampoco le permitía tiempo a quien sí lo quisiera. Siempre que se mencionaba a Dios en presencia de él, su respuesta siempre era maleducada, grosera, con maldiciones lanzadas en todas direcciones. Con esto dándome vueltas en la cabeza, le di a Bobby la más vacía y sin inspiración presentación del Evangelio que alguien pudiera dar. Luego me fui a toda prisa de allí, lavando mis manos de culpa, creyendo haber cumplido con mi responsabilidad de ganar almas. Que equivocado estaba. Bobby murió pocas semanas más tarde sin Dios, y fue entonces cuando me di cuenta que yo solo había llegado a la mitad.

Desde ese entonces, he llegado a comprender por qué mucha gente, que está desesperada, no acude a nosotros, como ministros, para recibir ayuda. Nos viene a la mente la escritura en Salmos 60:11.

Danos socorro contra el enemigo, Porque vana es la ayuda de los hombres.

Esta es una oración hecha directamente a Dios. Es muy posible que la persona que hace este ruego ni siquiera conociese a Dios, ni comprendiese cómo obtener respuestas de Él. No obstante, él hizo un leve intento por encontrar a Dios ya que estaba totalmente frustrado por la escasa ayuda que recibía del ministerio.

Hay una llamada divina desde las puertas del cielo, amonestándonos para predicar plenamente el evangelio con señales y milagros que vayan de la mano con nuestros ministerios. Si verdaderamente vamos a separarnos para Dios, dejando que Él nos consagre, demostraremos eso con una poderosa unción. Debemos estar dispuestos a pagar el precio completo por el Evangelio completo. Cualquier otra cosa significa que estamos solo a la mitad.

Capítulo 3

Unción Simplemente Envuelta

Esto os servirá de señal: Hallaréis al niño envuelto en pañales, acostado en un pesebre. (Lucas 2:12)

Simple no es el modo en que ninguno de nosotros quisiéramos ser percibidos. Sea que estemos hablando de nuestra apariencia, la forma en que vestimos, cómo hablamos, o dónde vivimos, etc. etc. etc., lo simple sencillamente no es aceptable. ¿Por qué? Porque a nadie le gusta carecer de belleza, ser considerado ordinario en forma alguna, hasta el punto de ser simple, puede llegar a equivaler a ser feo. Pero hay otro lado del simple que estamos fracasando en considerar. Ese otro lado del simple significa que estamos tratando con algo que es puro, claro, y en su mayor parte obvio[1]. En realidad, ¿no es eso lo que quisiéramos siempre para nuestras vidas? Nos incumbe a nosotros no rechazar las cosas sencillas de la vida justamente porque podría haber ahí una bendición oculta que no es visible a simple vista. Nunca olvidaré a una querida tía mía que era famosa por dar regalos caros en los cumpleaños y en época de navidad. Lo que nos dejaba de sorprendidos era el hecho de que estos regalos costosos siempre iban envueltos en periódicos. No piense usted ni por un momento que ella no podía permitirse una envoltura más cara, porque no era ese el propósito del que se trataba. Ella quería que comprendiésemos que no era la envoltura exterior lo que hacía que la familia desease sus regalos, sino, de modo más significativo, lo que estaba en el interior. Exceptuando esa razón, a todo el mundo le encantaba recibir regalos de ella.

El Tabernáculo En El Desierto

Este es el mismo concepto que el Señor empleó cuando Él dio a Moisés instrucciones de cómo construir un tabernáculo en el desierto. El interior de Su casa sería llamativo; el exterior había de mantenerse sencillo y simple. La cubierta exterior estaba hecha de pelo de cabra negra. En lo que se refiere a la apariencia, no había nada que destacar al respecto. Era tan simple como simple podía ser. Esta apariencia grotesca, este adefesio en forma de rectángulo era tan inconspicuo que los enemigos de Israel jamás imaginaron que el edificio más sagrado de los hebreos pudiera tener una apariencia tan ordinaria.

Por otra parte, lo que tenía que ver con la construcción del Lugar Santo y el lugar Santísimo era una historia muy distinta. La belleza, el esplendor, y la magnificencia estaban reservados para esta porción del santuario de Dios. Los colores de la realeza azul, carmesí y púrpura dominaban el interior. Los velos y las cortinas que lineaban las paredes eran de fino lino torcido, y para no ser menos, las columnas estaban cubiertas de oro. El interior y su contenido eran una verdadera obra de arte. La madera usada para los muebles era la mejor que el dinero pudiese comprar[2].

El mensaje está claro como el cristal, el palacio donde la presencia del Señor moraba, era la atención principal de Su pueblo y sería un recordatorio constante de Su majestad y gloria. El interior del tabernáculo tomaría preeminencia, y no habría ninguna otra cosa que siquiera se le acercara. El exterior no tendría la misma importancia. Fue construido de un modo que la apariencia externa no compitiera con el propósito del atrio interior, siendo este un lugar para mantener la gloria de Dios.

Por Qué Dios Usa Señales

Si nuestras vidas fuesen poco complicadas como la definición poco usada de simple, no habría tanta necesidad de señales. Pero debido a que la vida cristiana está basada en la fe, un concepto que renuncia al control de nuestras vidas, Dios usa en ocasiones una señal para mantenernos en la senda correcta. Estas señales tienen la capacidad de calmar nuestros nervios cuando tomamos decisiones claves, de ahí resulta la tendencia a llegar a depender de ellas. Esta dependencia a veces llega al borde de la adicción, rehusando movernos sin ellas. Nuestra confianza en las señales llega hacerse más grande que nuestra confianza en el dador de las señales, lo que causa muchos problemas en nuestra relación con el Señor. Es fácil olvidar que las señales fueron dadas para guiarnos, no para gobernar sobre nosotros de modo, figura o forma alguna. Estas son las auténticas razones que el Señor tenía en mente cuando por primera vez decidió usar señales.

En un mundo que ofrece un número incontable de caminos que nos conducen lejos de Dios, es primordial conocer qué camino nos conducirá a Él

Mírame, y ten misericordia de mí, Como acostumbras con los que aman tu nombre. Ordena mis pasos con tu palabra, Y ninguna iniquidad se enseñoree de mí.
(Salmos 119:132-133)

Una vez que se determina esa dirección, las señales se seguirán dando para clarificación. Cuando a la nación judía le fue dada una promesa de que un Mesías venidero les rescataría del cautiverio, ellos empezaron a buscar señales. Jesús comprendió que Sus hermanos tenían tan fuerte inclinación por ver una "señal" que cuando los discípulos de Juan vinieron a inquirir si Él era el Mesías prometido que ellos estaban buscando, Su respuesta tuvo profundas raíces en las Escrituras, sabiendo que las señales escritas en la profecía esclarecerían Su ministerio.

Y respondiendo Jesús, les dijo: Id, haced saber a Juan lo que habéis visto y oído: los ciegos ven, los cojos andan, los leprosos son limpiados, los sordos oyen, los muertos son resucitados, y a los pobres es anunciado el evangelio; y bienaventurado es aquel que no halle tropiezo en mí. (Lucas 7:22-23)

Cualquiera bien versado en las Escrituras del Antiguo Testamento podría admitir que las palabras que Jesús habló aquel día vinieron directamente del libro de Isaías. Con esta señal tan claramente evidente, era fácil para Juan pronunciar a Jesús como el Mesías por tanto tiempo esperado.

La razón final de por qué se nos dan las señales es para identificación. Varios cientos de años después de que se diera la profecía de que Israel había de esperar a su Salvador, a cada niño que nacía se le miraba como un posible rey reinante. ¿Cómo se identificaría al Mesías? Una señal, por supuesto, identificaría al bebé, una que fuera ambas cosas, clara y única.

Esto os servirá de señal: Hallaréis al niño envuelto en pañales, acostado en un pesebre. (Lucas 2:12)

La Señal Perfecta

El pesebre en el que Jesús nació encajaría perfectamente con la señal de Su nacimiento, ya que se trataba de un cuarto prestado en la vecindad de Belén. En realidad, no se trataba del establo típico para animales que estamos acostumbrados a ver en los cuadros, sino más bien, de acuerdo a la tradición judía, era una cueva labrada en piedra[3].

Sus humildes, modestos, comienzos terrenales sería la muestra o modelo para seguir Sus pasos. En otras palabras, Su nacimiento establecía el escenario para una unción simplemente envuelta, una que era clara, precisa, y directa. Esta unción en su simplicidad sería sencilla y no obstante poderosa, fácilmente alcanzable por cualquiera y para todos.

Yo hice una declaración antes, que simple no era lo aceptable. La definición de "simple" es bastante relativa, tomando en consideración el ojo del que observa. Lo que pudiera ser perfecto al ojo de uno es horroroso al de otro. Ese es el motivo por el cual hay ocasiones en que las personas intentan superar la perfección. Por si eso no fuese de por sí bastante malo, hay veces en que uno se tropieza con gente que, simplemente, nunca está satisfecha. El hombre más sabio que jamás haya vivido, el rey Salomón, tuvo algo que decir sobre este tema en Proverbios 27:20:

...Así los ojos del hombre nunca están satisfechos.

Yo creo que John Henry Ford tenía esta visión en mente cuando su empresa de carros adoptó el eslogan, "Ford tiene una idea mejor". Fue su lema durante años, dando a entender que podrían superar cualquier cosa que sacaran las tres grandes compañías de carros en Detroit, si se le daba la oportunidad.

Ahí es donde el capitalismo se ha sentado sus reales por tantos años, ayudando a los Estados Unidos a ascender hasta convertirse en el primer país manufacturero del mundo. Ha sido tan solo en tiempos recientes que, esos países más ambiciosos, adoptando la misma filosofía, nos han arrebatado la cima. Las coronas en el tema de la industria y la tecnología, que nosotros como nación hemos llevado con tanto orgullo, también nos han sido arrebatadas por naciones más agresivas. Sus avances en estas áreas nos han dejado oliendo el polvo.

Dicho esto, ahí se encuentra el problema cuando tratamos con asuntos espirituales. Usted no puede superar la perfección espiritual, especialmente cuando aplica conceptos mundanos a principios espirituales.

Los Hijos De Esceva

Los hijos de Esceva (Hechos 19:13-16) se dieron cuenta de esto por el modo más difícil. Estos presumidos exorcistas judíos intentaron usar el nombre de Jesús para de este modo hacer más atractivos sus ministerios. Durante algún tiempo, habían observado al apóstol Pablo, quien tenía a la entera ciudad de Éfeso memorizados con sus "inusuales milagros" que él producía mediante invocar el nombre de Jesús. Su unción era sencilla, simple, y poderosa, teniendo cuidado de siempre dar la gloria a Dios.

Una vez que estuvieron satisfechos de que tenían una idea para soltar ese nuevo poder, copiaron las mismas palabras que Pablo usaba para echar fuera demonios. Ellos no tenían autoridad para usar el nombre, mucho menos para usarlo para su propia vanagloria. Entonces, fueron expuestos a los espíritus malignos y fueron humillados cuando rasgaron sus vestiduras, y quedaron desnudos.

El mismo principio sale verdadero cuando aquellos con autoridad adornan el nombre de Jesús usando estilos, modas, técnicas, y métodos mundanos. Esos ministerios extravagantes se han bañado en la técnica de la Avenida Madison y rociado con el glamour de Hollywood. Sus motivos pudieran ser puros pero los resultados están manchados. El número que se acumula para ganar a los perdidos es increíble, sin embargo esa gente es ganada para la personalidad llamativa de ellos y no necesariamente para Dios.

La Parábola Del Sembrador

Podemos igualar esta forma de "ganar almas para Dios" a la parábola del sembrador:

> *Y el que fue sembrado en pedregales, éste es el que oye la palabra, y al momento la recibe con gozo; pero no tiene raíz en sí, sino que es de corta duración, pues al venir la aflicción o la persecución por causa de la palabra, luego tropieza.   (Mateo 13:20-21)*

Hay numerosos conversos que han sido atraídos por cautivadores y convincentes ministerios. Reciben su salvación con alegría e indecible gozo, sin embargo su raíz está más bien fundada en el carisma, en mensajes adornados, y en lecciones amigables más que en la verdad. Nunca están suficientemente preparados para la guerra espiritual en la que se miraran envueltos de un modo abrumador, en términos que no son justos para los desprevenidos. Mateo 13:21 entonces documenta las consecuencias de esos errores ...*pero no tiene raíz en sí, sino que es de corta duración, pues al venir la aflicción o la persecución por causa de la palabra, luego tropieza.*

Hay muchas más personas que han venido a Cristo por razones incorrectas, y cuando escapan por la puerta trasera a causa de su inhabilidad para manejar tiempos difíciles, nos deja frustrados, intentando averiguar en qué nos hemos equivocado. El punto del asunto es este: La sencilla y simple señal de una vida cristiana de éxito está siendo ensombrecida por señales más brillantes que cubren la verdad de Dios.

> *Entonces Jesús dijo a sus discípulos: Si alguno quiere venir en pos de mí, niéguese a sí mismo, y tome su cruz, y sígame. Porque todo el que quiera salvar su vida, la perderá; y todo el que pierda su vida por causa de mí, la hallará.   (Mateo 16:24-25)*

Un Arte Perdido

Negarse a si mismo, como hemos conocido en el pasado, es un concepto que ha sido borrado de nuestro vocabulario ya por algún tiempo. Se ha reemplazado por doctrinas de prosperidad que nos ayudan a recibir nuestras bendiciones al momento que podemos "nombrarlo y afirmarlo". Seguir a Dios mediante negarse a uno mismo y cargar una cruz pesada y llena de astillas es una moda "antigua." En la sociedad de hoy, ya no hay necesidad de aventurarse en la oscuridad cuando hay señales muy bien iluminadas, unas que son racionales, lógicas y razonables, que nos conducen a calles que son muy transitadas. Tan cierto como esto pudiera ser, las calles amplias, muy transitadas no siempre conducen a un lugar mejor.

> *Entrad por la puerta estrecha; porque ancha es la puerta, y espacioso el camino que lleva a la perdición, y muchos son los que entran por ella; porque estrecha es la puerta, y angosto el camino que lleva a*

la vida, y pocos son los que la hallan.
(Mateo 7:13-14)

No siempre preste atención a las señales que le llevan a una vida más fácil. El modo ilógico, insensible y difícil le llevará la mayoría de las veces a un mejor modo de vida. ¿Por qué? Porque es la manera de Dios.

La vida que vivió el apóstol Pablo refuerza este argumento de negarse a si mismo. De hecho, su vida sencilla y simple le proveyó una poderosa unción, pero vino a un alto precio. En una conversación de la que él no estaba enterado, el Señor le dijo específicamente a Ananías que ministrase a este nuevo converso, también aludiendo al hecho de que Pablo sufriría enormemente por Su reino.

El Señor le dijo: Ve, porque instrumento escogido me es éste, para llevar mi nombre en presencia de los gentiles, y de reyes, y de los hijos de Israel; porque yo le mostraré cuánto le es necesario padecer por mi nombre. *(Hechos 9:15-16)*

¿Por qué? Porque era un vaso escogido, con una misión especial, para honrar a un Dios especial. El Señor le daría personalmente seguridad de su llamada mediante señales y milagros. La confirmación de esto llegaría en la forma de relación con Dios mediante sufrimiento.

Simplifique, Simplifique, Simplifique

Cuando Pablo llegó al Señor como Saulo, su vida necesitaba ser simplificada. Para identificarse con Cristo, su vida necesitaba hacerse más sencilla. A diferencia del Señor, el apóstol Pablo no tuvo unos comienzos humildes.

Aunque yo tengo también de qué confiar en la carne. Si alguno piensa que tiene de qué confiar en la carne, yo más: circuncidado al octavo día, del linaje de Israel, de la tribu de Benjamín, hebreo de hebreos; en cuanto a la ley, fariseo; en cuanto a celo, perseguidor de la iglesia; en cuanto a la justicia que es en la ley, irreprensible. *(Filipenses 3:4-6)*

Él era un hombre bastante orgulloso, si lo digo yo mismo. La vida afluyente, muy respetada, y de éxito que llevaba antes de Cristo estaba llena de orgullo. Era vital para su ministerio que se le despojara de todo equipaje innecesario que pudiera estorbar su llamado ante Dios.

Cuando consiguió captar la grandeza de su llamado, él voluntariamente se humilló a sí mismo para una vida sencilla y simple. Nada de campanas, sirenas, nada de fanfarria. No tenía comitiva que se inclinase ante cada uno de sus deseos o un representante que fuera delante de él, haciendo preparativos para sus reuniones en las arenas más grandes del día. No había agentes de publicidad anunciando sus visitas a través de los medios. Él sabía su lugar y comprendía su misión. Entonces, voluntariamente aceptó los tiempos difíciles que le llegaron, conociendo que eran la señal del Maestro para él de que estaba dentro de la perfecta voluntad de Dios. Nunca se avergonzó de su sufrimiento, pues las Escrituras documentan que soportó cada golpiza, paliza, y apedreamiento por causa del Evangelio.

en trabajos más abundantes; en azotes sin número; en cárceles más; en peligros de muerte muchas veces. De los judíos cinco veces he recibido cuarenta azotes menos uno. Tres veces he sido azotado con varas; una vez apedreado; tres veces he padecido naufragio; una noche y un día he estado como náufrago en alta mar; en caminos muchas veces; en peligros de ríos, peligros de ladrones, peligros de los de mi nación, peligros de los gentiles, peligros en la ciudad, peligros en el desierto, peligros en el mar, peligros entre falsos hermanos; en trabajo y fatiga, en muchos desvelos, en hambre y sed, en muchos ayunos, en frío y en desnudez; y además de otras cosas, lo que sobre mí se agolpa cada día, la preocupación por todas las iglesias. *(2 Corintios 11:23-28)*

Él llegó a la simple conclusión de que nada podría separarle del amor de Cristo. Sus palabras comprobaron esto fuertemente.

¿Quién nos separará del amor de Cristo? ¿Tribulación, o angustia, o persecución, o hambre, o desnudez, o peligro, o espada? Como está escrito: Por causa de ti somos muertos todo el tiempo; Somos contados como ovejas de matadero. Antes, en todas estas cosas somos más que vencedores por medio de aquel que nos amó. Por lo cual estoy seguro de que ni la muerte, ni la vida, ni ángeles, ni principados, ni potestades, ni lo presente, ni lo por venir, ni lo alto, ni lo profundo, ni ninguna otra cosa creada nos podrá separar del amor de Dios, que es en Cristo Jesús Señor nuestro. (Romanos 8:35-39)

Debido a que mantuvo su vida sencilla y simple, su unción permaneció pura, clara, y poderosa. Su exitosa vida de señales, maravillas y milagros nunca le provocó robarle la gloria a Dios. Por esta razón, él pudo acabar su vida con honor.

Acabando Una Vida Con Honor
Porque yo ya estoy para ser derramado como una ofrenda de libación, y el tiempo de mi partida a llegado. He peleado la buena batalla, he terminado la carrera, he guardado la fe.
(2 Timoteo 4:6-7)LBLA

Estas son palabras de un veterano canoso instruido en el arte de sufrir. A través de los años, sus logros espectaculares han inspirado a otros a seguir sus pasos. Pero lo que destaca de su vida es la relación única que él tenía con Dios. Sencilla y simple, era una relación que estaba basada y embellecida en el sufrimiento.

> *Y ciertamente, aun estimo todas las cosas como pérdida por la excelencia del conocimiento de Cristo Jesús, mi Señor, por amor del cual lo he perdido todo, y lo tengo por basura, para ganar a Cristo, y ser hallado en él, no teniendo mi propia justicia, que es por la ley, sino la que es por la fe de Cristo, la justicia que es de Dios por la fe; a fin de conocerle, y el poder de su resurrección, y la participación de sus padecimientos, llegando a ser semejante a él en su muerte,* (Filipenses 3:8-10)

En los dos pasajes escritos arriba, el apóstol hace un intento de conectarse a sí mismo con la muerte de Cristo. El pasaje de Filipenses es mucho más directo que lo que escribió en 2 Timoteo. Es en el libro de Timoteo donde refiere una libación del Antiguo Testamento para adherirse a sí mismo a la muerte de Cristo.

Conectando Con La Muerte De Cristo

Las ofrendas de bebida, más comúnmente conocidas como libaciones, se establecieron en el periodo patriarcal y eran acompañadas de muchos sacrificios (Éxodo 29:40). Estos sacrificios incluían toda ofrenda voluntaria, el holocausto continuo, los días de reposo, y otras fiestas establecidas (Números. 28:14-31; 29:6-39). El aceite y el vino, usados por separado o mezclados, constituían la libación. Es el aceite de este proceso al que quisiéramos prestar gran atención.

El aceite usado para estos sacrificios, para todo uso o propósito, era el aceite más puro, el más saludable, incorrupto y limpio del mundo entero. En el capítulo 1, me tomé el tiempo para explicar el proceso laborioso para desarrollar el aceite del santuario que se usaba para los sacrificios, de modo que no vamos a hablar otra vez de ese punto. Lo que voy a decir es esto: la pureza de este aceite no se parecía a ninguno. Siendo el experto en la ley del Antiguo Testamento que Pablo era, tenía la total seguridad de que el aceite (su unción) que él estaba ofreciendo al Señor en su muerte era el de más alta calidad. No era impuro, manchado, o contaminado. Era tan solo sencillo y simple. Sus comienzos pudieran no haber sido humildes como los de su Maestro; no obstante, su muerte realmente emuló a la muerte de Cristo. Solo que su ciudadanía romana le absolvía de la tortura y la crucifixión, de lo contrario él habría seguido contento los pasos del Señor[4].

Hay una última señal que marca la posición que toma este capítulo que quisiera tratar. "Sencillo y simple" es el emblema que simbolizó la vida de Cristo desde su nacimiento. El nunca se desvió, ni quiso hacerlo. Cuando los hombres eran atraídos a Su ministerio, queriendo formar parte de algo grande, El tuvo que admitir ante ellos que no había mucho atractivo en ello.

Y vino un escriba y le dijo: Maestro, te seguiré adondequiera que vayas. Jesús le dijo: Las zorras tienen guaridas, y las aves del cielo nidos; mas el Hijo del Hombre no tiene dónde recostar su cabeza.
(Mateo 8:19-20)

Hubo ocasiones en que la falta de dinero parecía ser el patrón. Una y otra vez Él usaría su unción produciendo milagros para que los hambrientos fuesen alimentados o en una ocasión para pagar Sus impuestos.

Ahora en serio, ¿es esta la manera de dirigir un reino? ¿No podía Jesús haber elegido un sistema mejor, más elaborado para atraer a la gente hacia Él? No cabe duda que sí; no obstante, las señales que eligió se mantuvieron sencillas y simples incluso en Su muerte.

Poniendo Todo Junto

Finalmente, hemos llegado al punto en este capítulo donde conectamos todos los pormenores para ver cómo la muerte de Jesús va en paralelo con Su nacimiento.

el cual compró una sábana, y quitándolo, lo envolvió en la sábana, y lo puso en un sepulcro que estaba cavado en una peña, e hizo rodar una piedra a la entrada del sepulcro.   *(Marcos 15:46)*

El lino fino, es decir, las vestiduras mortuorias que se usaron para envolverlo inmediatamente después de Su muerte, fueron similares a los pañales usados al tiempo de su nacimiento[5]. Este tipo de lino era sencillo y simple, aunque lo bastante elegante para ser usado como velo en el templo de Salomón, bordado con la habilidad de un artesano de Tiro (2 Crónicas 3:14). Su tumba estaba labrada en roca tal como el pesebre. En otras palabras, Él murió exactamente del modo en que vino a este mundo, sencillo y simple. Era una señal dada a nosotros para las futuras generaciones que una unción simplemente envuelta era suficiente para Él. Desde su humilde comienzo a un principio sin pretensiones de Su ministerio, Él nunca se desvió del plan. No habría diferencia en Su muerte. Sus últimas palabras fueron sencillas y simples:

...dijo: Consumado es. Y habiendo inclinado la cabeza, entregó el espíritu.   (Juan 19:30)

Su unción simplemente envuelta desde un principio hasta el final nos trajo la salvación que solamente Él podía proveer. Agradezcan a Dios por lo sencillo y simple.

Notas Finales

1. Webster's Dictionary, definición de (plain) simple
2. Internacional Standard Bible Encyclopedia, Tabernacle   (Tabernáculo)
3. Fausset's Bible Dictionary, Manger (Pesebre)
4. Internacional Standard Bible Encyclopedia, Citizenship   (Ciudadanía)
5. Strong's Dictionary, NT: 4616 (***sindon***)

Capítulo 4

¿Usado O Manipulado?

No todo el que me dice: Señor, Señor, entrará en el reino de los cielos, sino el que hace la voluntad de mi Padre que está en los cielos. Muchos me dirán en aquel día: Señor, Señor, ¿no profetizamos en tu nombre, y en tu nombre echamos fuera demonios, y en tu nombre hicimos muchos milagros? Y entonces les declararé: Nunca os conocí; apartaos de mí, hacedores de maldad. (Mateo 7:21-23)

Estos tres versículos en el séptimo capítulo de Mateo siempre han sido fascinantes para mí debido a que la sorpresa del gran Día de Juicio ha tomado a muchos cristianos inadvertidos. Mientras que los que están en la línea esperando por el "fruto de su labor," resulta espantoso para ellos el que el Señor no los reconozca ni un poquito. El shock es evidente cuando llegan a darse cuenta de que todo el riguroso trabajo y sacrificio ha sido en vano. Van a aguantar una bofetada aún mayor porque el Señor de gloria no reconoce quiénes son. Para colmo, las señales poderosas, maravillas, y milagros producidos a lo largo de su vida de ministerio se ven reducidos a la definición de pecado. Como un puñal en el corazón es cuando el Señor rehúsa tener en absoluto que ver con ellos.

¿Cómo se llegó a esto? ¿Qué exactamente fue mal, dónde en el viaje para hallar la voluntad de Dios doblaron por la calle equivocada? La respuesta a estas preguntas se halla en el versículo 21. Los galardones del cielo están solamente reservados para aquellos que hacen la voluntad del Padre, y evidentemente este no era el caso en las vidas de aquellos que han sido rechazados.

Una Cuestión Candente

Más o menos para ahora, debería haber una cuestión candente en nuestra alma respecto a esta situación que no tiene sentido. ¿Cómo podría el profetizar en el nombre de Dios, echar fuera demonios, y hacer obras maravillosas caer en la categoría de la iniquidad? ¿Desde cuándo no se consideran todas estas cosas dentro de la voluntad de Dios? Examinemos este dilema un poco más de cerca.

Hay una línea fina entre hacer la voluntad de Dios y permitir que nuestra propia voluntad tome la delantera. Obtener buenos resultados no es suficiente para hacer que Dios pase por alto nuestra desobediencia. Solo porque un proyecto sea exitoso y próspero en este momento, no necesariamente significa que Dios haya estado en él desde su inicio. Nuestra ignorancia en tales materias no es una excusa para esquivar Su voluntad.

> *El que quiera hacer la voluntad de Dios, conocerá si la doctrina es de Dios, o si yo hablo por mi propia cuenta. El que habla por su propia cuenta, su propia gloria busca; pero el que busca la gloria del que le envió, éste es verdadero, y no hay en él injusticia.*
> *(Juan 7:17-18)*

Si continuamos dejando que nuestra voluntad se monte sobre la de Él, entonces es nuestra gloria la que estamos buscando, no la de Él. Si estamos honestamente buscando el rostro de Dios para conocer Su voluntad, Él nos mostrará lo que es correcto. Su doctrina no puede estar comprometida sea en el área de la salvación, la regeneración, o la santidad. Su modo es el único modo.

Las consecuencias de nuestro descuido sobrepasan por mucho a los riesgos que tomamos para ministrar la voluntad de Dios. Estoy seguro de que una eternidad que no incluye el cielo no es lo que teníamos en mente cuando meditamos en nuestro último lugar de descanso. No debemos dejar desperdiciar la más grande oportunidad de servir al Maestro por nuestros propios indulgencias.

Esto Simplemente No Suena Correcto

Lo más duro de tragar en aceptar lo que está escrito es el hecho de que existe la posibilidad de que Dios seguirá honrando nuestros esfuerzos, incluso cuando estemos fuera de Su voluntad, para manipular un resultado. La manipulación en el reino de Dios no suena cristiana. Es cierto, pero antes de que ustedes me echen por falso profeta, denme una oportunidad para que les explique.

Cuando a veces Dios elige usar a gente voluntariosa y obstinada para hacer una tarea en particular, Él honrará Su palabra pero no necesariamente les honrará a ellos. Existe una sola y una única razón por la que Dios se rebajaría al nivel de contestar peticiones que se trajeran ante Su trono. Él lo hace por sus ovejas, por Sus hijos que tienen una desesperada necesidad de auxilio. Sabemos que las Escrituras comparan los hijos de Dios a ovejas. A las ovejas se las tiene que conducir para que coman y beban. Deben depender de otros para su refugio. Huelga decir que si se hieren de alguna manera, son totalmente dependientes de otra persona para que las lleve de vuelta a la salud. Conociendo esto, Dios se desvive por asegurarse de que Sus ovejas sean bien atendidas, y si la manipulación es necesaria, así será. En realidad, yo puedo probar esto mediante las Escrituras.

Y habló Jehová a Moisés, diciendo: Toma la vara, y reúne la congregación, tú y Aarón tu hermano, y hablad a la peña a vista de ellos; y ella dará su agua, y les sacarás aguas de la peña, y darás de beber a la congregación y a sus bestias. Entonces Moisés tomó la vara de delante de Jehová, como él le mandó. Y reunieron Moisés y Aarón a la congregación delante de la peña, y les dijo: ¡Oíd ahora, rebeldes! ¿Os hemos de hacer salir aguas de esta peña? Entonces alzó Moisés su mano y golpeó la peña con su vara dos veces; y salieron muchas aguas, y bebió la congregación, y sus bestias. Y Jehová dijo a Moisés y a Aarón: Por cuanto no creísteis en mí, para santificarme delante de los hijos de Israel, por tanto, no meteréis esta congregación en la tierra que les he dado. (*Números 20:7-12*)

Moisés tuvo que tratar con un puñado de rebeldes que constantemente se quejaban de algo. En este caso en particular, había necesidad de agua. Era la segunda vez en su viaje por el desierto que la despensa de agua se había agotado. Usted pensaría que, después de ver a Dios obrando un gran milagro para suministrarles el agua que habían necesitado en una ocasión anterior, ellos no tendrían tanta preocupación esta vez. Hemos de recordar que estamos hablando aquí de los hijos de Israel. Este surtido de hebreos carnales, murmuradores e impacientes estaba acostumbrado a llevar la tolerancia de sus líderes hasta el límite.

Yo solo puedo imaginar lo que pasaba por la mente de Moisés cuando se preparaba para recibir esta bendición de Dios. Conducir a un grupo de gente no apreciativa y murmuradora puede desgastar rápidamente incluso al más fuerte de los hombres. ¿Podría ser que su prolongar para completar esta tarea era una señal de que mentalmente él había dado por caso perdido a estos locos manifestantes? ¿Quién sabe lo que pasaba por su mente mientras contemplaba la asignación que había sido puesta delante de él? Dios le había dado instrucciones específicas de que esta segunda vez, el milagro se produciría mediante hablarle a la roca en vez de golpearla con su vara. Ahora bien, las Escrituras no dicen eso, de modo que lo que estoy a punto de escribir es solamente especulación. No dudo que vinieron a incitar a Moisés, retándolo a golpear la roca con su vara.

"Eh Moisés," gritaron todos en conjunto. "¿A qué estás esperando, hombre?"

"¡Golpea la roca de una vez y termina ya con eso, nos morimos de sed!"

Este hombre manso, de humilde actuar atípicamente perdió su temperamento, cediendo a sus incitadores, y golpeó la roca. Aunque esto no se hizo de acuerdo al plan, Dios de todas formas respondió con chorros de agua por todo el lugar. La fe de ellos fue restaurada en los dos, en Dios y en Moisés, y a los ojos de ellos Moisés era el hombre.

La Desobediencia Tiene Sus Consecuencias

Había consecuencias para la desobediencia de Moisés que parecieron más duras de lo que estaba garantizado. Los hijos de Israel nunca tuvieron idea de que Dios estaba molesto con Su líder. Ellos se figuraban que porque Dios había contestado a las necesidades de ellos mediante él, él tenía que haber estado bien con el Señor. El problema era que, ese no era necesariamente el caso. El resultado por no obedecer Moisés las instrucciones de Dios forzó al Señor a impedir que él entrase en la Tierra Prometida.

¿Es realmente posible para los cristianos tener una unción o dones mientras están ministrando y todavía estar fuera de la voluntad de Dios? Considere esta escritura que fue escrita para nosotros en el libro de Santiago 3:1-2.

Hermanos míos, no os hagáis maestros muchos de vosotros, sabiendo que recibiremos mayor condenación. Porque todos ofendemos muchas veces.

Lo que se trata de la etiqueta de maestro en esta escritura debe fácilmente incluir a aquellos que se encuentran en cualquier tipo de ministerio. Como todos sabemos, sea que seamos predicadores, directores de coro, ujieres u otra cosa, la enseñanza es la base de todo ministerio. Debido a nuestra habilidad para tropezar en muchas cosas, debemos, por consiguiente, considerar que también hay puntos ciegos y cometemos pecados presuntuosos en nuestras vidas.

> *¿Quién podrá entender sus propios errores? Líbrame de los que me son ocultos. Preserva también a tu siervo de las soberbias; Que no se enseñoreen de mí; Entonces seré íntegro, y estaré limpio de gran rebelión. Sean gratos los dichos de mi boca y la meditación de mi corazón delante de ti, Oh Jehová, roca mía, y redentor mío.* (Salmos 19:12-14)

Al creer que el Señor no juzgaría con más aspereza a aquellos que están en el ministerio verdaderamente cae en la categoría de arrogante y condescendiente. Es el mismo tipo de arrogancia que Dios va a demostrar en el día de juicio cuando Él rechace nuestras obras como iniquidad. Él termina manipulando nuestros ministerios por causa de las ovejas y nosotros terminamos con la sorpresa del Día de Juicio.

¿Qué Hay De La Unción?

¿Acaso una poderosa unción no prueba que la mano de Dios está sobre ellos, solidificando Su aprobación? Realmente no. En la escala de Dios, el carácter, no la unción, está en primer lugar en Su lista de prioridades. El éxito sin carácter siempre acabará en desastre, ese es el motivo por el que el Señor invierte tanto tiempo en edificar nuestro carácter a un nivel de esperanza. Pablo dijo todo eso a los Romanos en el capítulo 5, versículos 3-5(NVI):

> *Y no sólo en esto, sino también en nuestros sufrimientos, porque sabemos que el sufrimiento produce perseverancia, la perseverancia, entereza de carácter; la entereza de carácter, esperanza. Y esta esperanza no nos defrauda, porque Dios ha derramado su amor en nuestro corazón por el Espíritu Santo que nos ha dado.*

El carácter no solo cede a la esperanza, sino que nos permite vernos a nosotros mismos en el camino en el que realmente nos encontramos. Estar a solas alejado de las multitudes verdaderamente deja expuesto nuestro carácter. Lo que somos cuando estamos a solas es lo que Dios ve y juzga. Aunque luchemos sin escatimar esfuerzos para buscar Sus dones del Espíritu, Él preferiría más bien que nos tomásemos tiempo para adquirir el fruto de ese mismo Espíritu.

Es el fruto del Espíritu lo que Dios añade a nuestras vidas para la edificación de nuestro carácter. Sea que entren en operación dones de habla, los dones del discernimiento, o los dones de poder, si no hay un fruto del Espíritu correspondiente que balancea esos dones, nunca llegarán a la perfección. Aquí hay una lista de los dones del Espíritu con su correspondiente fruto[1]:

Los Dones de Habla

Lenguas	Fe
Interpretación de lenguas	Templanza
Profecía	Gozo

Los Dones de Conocimiento

Palabra de Ciencia	Benignidad
Palabra de Sabiduría	Paz
Discernimiento de Espíritus	Tolerancia

Los Dones de Poder

Fe	Mansedumbre
Dones de Sanidad	Caridad
Milagros	Bondad

Porque operar en los dones del Espíritu es bastante más fácil de alcanzar por la impartición y más dinámico en naturaleza, se prefieren en vez del fruto del Espíritu. El fruto del Espíritu, por otra parte, toma tiempo para ser desarrollados. Cultivar una cosecha siempre ha sido un esfuerzo que consume tiempo, sin embargo cuando el tiempo de la siega llega y el agricultor siega lo que ha sembrado, no hay mayor satisfacción que uno pueda sentir cuando llega a disfrutar el "fruto de su labor."

No existen maravillas de la noche a la mañana en el Señor, aunque gente con dones parezcan surgir de la nada para hacer lo increíble. Si tales dones no son nivelados por el correspondiente fruto, entonces entrará en juego el antiguo refrán, "lo que fácil viene, fácil se va," y ese prometedor ministerio que parece tan invencible caerá a un lado del camino y morirá.

La Unción del Rey Saúl

¿Dónde estaba la unción del rey Saúl cuando más la necesitaba? Este primer rey de Israel, alto y bien parecido, perdió su compostura cuando las damas de la ciudad se regocijaron después de la victoria en la batalla, cantando esta canción:

> *Aconteció que cuando volvían ellos, cuando David volvió de matar al filisteo, salieron las mujeres de todas las ciudades de Israel cantando y danzando, para recibir al rey Saúl, con panderos, con cánticos de alegría y con instrumentos de música. Y cantaban las mujeres que danzaban, y decían: Saúl hirió a sus miles, Y David a sus diez miles.*
>
> *(1 Samuel 18:6-7)*

¿No debería el rey haber reaccionado de un modo más maduro y seguro de sí mismo? Después de todo, él era el ungido de Dios, con todo el cielo respaldándole. El problema era este: Saúl nunca tuvo la oportunidad de cultivar su carácter. De un día para otro, él pasó de no ser nadie a ser el rey del país más poderoso del mundo entero. Sin tener que evitar golpes ni moretones, ni peligrosos hoyos, solamente con una navegación suave todo el camino hacia la sala del trono. Sus inseguridades (defectos de carácter) hicieron que reaccionase como un pagano.

Cómo se Formó el Carácter de David

Ese no fue el caso del rey David. Después que fue ungido por Samuel para suceder en el trono a Saúl, hubo un periodo de 5 años de espera en el que el trono estuvo vacante. El entrenamiento para tal posición, en realidad, empezó muchos años antes de aquello. David aprendió la obediencia cuidando de sus ovejas, bastante similar al modo en que el Señor mismo aprendió la obediencia en el desierto. Estar a solas en el campo concedió a David un precioso tiempo para formar hábitos de adoración y alabanza. Estos hábitos le beneficiaron en el futuro mientras andaba con Dios. Su fe también tuvo la oportunidad de crecer cuando se presentaron mayores pruebas de valor. Los desafíos aumentaron en intensidad comenzando con la matanza de un león y después, la de un oso. Él se formó en la escuela de la vida. El gigante filisteo Goliat había desafiado a cualquiera a luchar con él cuerpo a cuerpo. Por supuesto, David no se echó atrás ante este pagano incircunciso. Con un lanzamiento de su honda, él derribó al enemigo público número uno y luego le cortó la cabeza.

El desafío más grande de David llegó después que fuese ungido para tomar el puesto de Saúl como el siguiente rey de Israel. Aunque el rey Saúl se había alejado por completo y estaba fuera de la voluntad de Dios, todavía no le daba derecho a David para remover al rey antes del debido tiempo. Su integridad salió a la superficie cuando uno de sus hombres poderosos le sugirió asesinar al rey Saúl.

> *Entonces dijo Abisai a David: Hoy ha entregado Dios a tu enemigo en tu mano; ahora, pues, déjame que le hiera con la lanza, y lo enclavaré en la tierra de un golpe, y no le daré segundo golpe. Y David respondió a Abisai: No le mates; porque ¿quién extenderá su mano contra el ungido de Jehová, y será inocente?*
> *(1 Samuel 26:8-9)*

Con este entrenamiento completo y su carácter en orden, David estaba ahora listo para ascender al trono.

Ungido y No Obstante Desequilibrado

El rey Saúl no tuvo el mismo lujo. Él fue empujado a su reinado sin ninguna formación de carácter en absoluto. Su entrenamiento en el puesto de empleo no fue suficiente para superar cualesquier defectos de carácter. Ahora, años más tarde, con una psique inestable que controlaba cada uno de sus movimientos, él tomó una decisión que no era sabia y que eventualmente le costaría la vida. Él decidió proteger su trono. Él fracasó en darse cuenta de que si Dios lo había colocado como rey de Israel, solamente Dios podía reemplazarlo. No había necesidad de preocuparse respecto a ser sustituido, porque Dios, en última instancia e inequívocamente, le respaldaba. Uno tiene que llegar a darse cuenta de que, si un trono, o en nuestro caso un ministerio, ha de ser protegido, tal vez Dios no nos puso allí desde un principio.

Sus atentados contra la vida de David fracasaron incontables veces, aumentando su frustración y fastidio. Cuando la presión se hizo demasiado grande para soportarla, en un momento de debilidad en el campo de batalla, él cometió suicidio. Él verdaderamente fue ungido pero estaba totalmente desequilibrado. Su unción no podía protegerle en sus momentos de mayor necesidad.

Yo creo que, la parte más triste respecto a ser usado por Dios y/o ser manipulado por causa de las ovejas es que en el proceso de todo ello, realmente no alcanzamos a conocer mejor a Dios. Podríamos estar trabajando para Él, y no obstante nunca llegamos a ser *"colaboradores de Dios"* (1 Corintios 3:9) A diferencia de Abrahán, quien ascendió al nivel de "amigo," nosotros no somos más que pistolas de alquiler, sabiendo de Él pero sin realmente conocerle. Pero, ¿desea usted saber lo que es incluso peor? Él (Dios) no nos conoce tampoco.

Nosotros no nos acercamos siquiera a la relación que el apóstol Pablo tuvo con nuestro Señor. Como se mencionó en el capítulo pasado, la relación de Pablo con Dios se basaba en estar dispuesto a estar en la presencia del Señor en su sufrimiento. Hoy, cuando el Señor busca a otros con la misma disposición, hay muy pocos que aceptarán ese desafío.

Impostores Santos

El no conocerle a Él como Él realmente es nos daña de muchas maneras. Nosotros asumimos un rol que da a la definición del ungido de Dios un significado enteramente nuevo. Ahora empezamos a aceptar el papel de los impostores:

mas los malos hombres y los engañadores (impostores²) irán de mal en peor, engañando y siendo engañados.   (2 Timoteo 3:13)

Cuando los impostores se infiltran en nuestros puestos, su influencia tiene tan gran impacto en los hermanos que, vivir para Dios, se convierte en algo estresante. Este es el modo en que el apóstol Pablo los describe cuando le escribe a Timoteo:

También debes saber esto: que en los postreros días vendrán tiempos peligrosos. Porque habrá hombres amadores de sí mismos, avaros, vanagloriosos, soberbios, blasfemos, desobedientes a los padres, ingratos, impíos, sin afecto natural, implacables, calumniadores, intemperantes, crueles, aborrecedores de lo bueno, traidores, impetuosos, infatuados, amadores de los deleites más que de Dios, que tendrán apariencia de piedad, pero negarán la eficacia de ella; a éstos evita.   (2 Timoteo 3:1-5)

El pasaje de las Escrituras arriba no parece seguir el guión que ha sido adoptado para este capítulo hasta que leemos, *tendrán apariencia de piedad, pero negarán la eficacia de ella.* ¡Imagine eso! Esta lista que documenta todo eso, y que está equivocada para el mundo de hoy, en realidad está llena de gente enfundados con un Espíritu religioso y que se hacen pasar por ungidos. Puesto de un modo más sencillo, en los tiempos peligrosos en que vivimos hoy, el enemigo al que enfrentamos procede desde dentro y no del exterior, obrando desde el disfraz del engaño.

Estos impostores ungidos están dominando las congregaciones con abandono imprudente. Andan sueltos con credenciales impecables que hacen difícil que se les rechace. Su habilidad para controlar a la gente con su habla persuasiva causa divisiones. No se someten a la autoridad, y sin embargo ponen el grito en el cielo cuando sus palabras no son tomadas como el evangelio. Esta imagen fuera de control y altanería de sí mismos está envuelto por una falsa humildad, una que hace que sea casi imposible de desenmascararlos. Desafortunadamente, esta es la condición en la cual nos hallamos en la Iglesia en los últimos días. Al considerar nuestra situación comprometida, lo que más me asusta es cuán fácil es caer en esta trampa. Digo esto porque ha habido ocasiones en el pasado cuando Dios ha tenido que sacudirme para ayudarme a ver que mis motivos no eran los correctos.

Un Desafío Santo

En más de una ocasión, cuando he subido al púlpito para predicar, a último momento Dios me ha pedido que cambie el mensaje. Sintiendo que lo que inicialmente yo había escogido era en realidad la voluntad de Dios en primer lugar, realmente no había necesidad de hacer este cambio que Él estaba requiriendo. Había llegado a ser todavía peor, en el momento de la llamada al altar, Él me pedía que me concentrase en la gente que estaba recibiendo el Espíritu Santo, cuando yo, por supuesto, prefería orar por los enfermos. Lo que me desconcierta hasta este día es, cómo cuando yo rechazaba Su voluntad, Él seguía igual de servicial cuando yo invocaba Su nombre. Cuando, finalmente, terminaba el servicio y Él había movido milagrosamente por la congregación entera, ellos desconociéndolo, creían que yo había cumplido con la voluntad de Dios. Me daban las gracias con los brazos abiertos, rogándome que regresase para que Dios pudiese hacerlo de nuevo. Yo sabía, sin sombra de duda que, cuando regresase a mi habitación del hotel, Dios y yo íbamos a tener una pequeña charla. Él, tal como lo había hecho en tiempos pasados, me preguntaría por qué le estaba desafiando a Él. ¿Qué podría uno decir a Dios que pudiese justificar nuestra desobediencia para con Él? Supongo que nada, en realidad. He apelado a Su misericordia en tiempos pasados y estoy agradecido de que mi falta había sido cubierta con Su sangre.

Todo lo que puedo decir respecto a lo que he escrito es que si, en el día de juicio, el Señor se dirige a mí, diciendo, "*Apartaos de mí hacedores de maldad*," ese sería el día más triste de mi vida. Miro ahora en retrospectiva todo el sufrimiento que he tenido que soportar, y las pérdidas tan dolorosas. Había tantas noches sin dormir llorando hasta dormir, añadido a interminables horas de ansiedad porque mi vida estaba en el valle del desorden. Esta ansiedad no era fácil de echar fuera porque era parte del plan de Dios para moldear mi carácter a la imagen de Cristo. Soportar el increíble desconsuelo que surgía cuando los amigos me daban la espalda, era uno de los peores. Tratar con estas inexplicables pesadillas en completa soledad era suficiente para llevar a un hombre volverse loco. No obstante, en alguna parte de mi mente, al final, todo este sufrimiento valdría la pena, al recibir la bendición eterna que sería mayor que la que yo había merecido. Esto, de por sí, me daba el valor de seguir adelante. Ahora bien, si yo había de estar de pie en el día de juicio teniendo que aceptar que todo era en vano y que yo había sido manipulado, no habría palabras que pudieran explicar la aflicción que yo sentiría. En ese momento, el desespero no llega siquiera a empezar a ilustrar la sensación de desesperanza que sería mi compañera por toda la eternidad.

Le haré una pregunta más antes de concluir este capítulo. Piense a fondo antes de responder. Muy en sus adentros, ¿está usted en realidad siendo usado por Dios? No, realmente. ¿Está usted verdaderamente siendo usado por Dios, o está siendo manipulado? ¡Piénselo!

Notas finales

1. Arcovio, The Way of the Eagle

Capítulo 5

Unción Falsa

Y yo, si fuere levantado de la tierra, a todos atraeré a mí mismo.   (Juan 12:32)

Siempre he estado fascinado por los falsificadores y los artículos que producen. Estas imitaciones de mercancías caras han sido fabricadas con la intención de engañar. El observador casual no será capaz de notar la diferencia, porque si ese falsificador vale su peso en sal, su producto falsificado se verá exactamente igual que el original. Cualquier modo que le llame falso, fraude, falsificado, fingido, o simulada esta mercancía falsificada verdaderamente se parece a la original.

Cuando Dios nos creó a nosotros los hombres, Él se equivocó nos dotó de la misma alarma interna que les concedió a las mujeres. Ustedes saben de lo que estoy hablando, la alarma que se activa cuando algo falso se hace pasar como un original. Todavía estamos en desventaja cuando se trata de estas cosas, y por lo tanto he aprendido mucho cuando voy de compras con mis hijas. Ellas pueden detectar una falsificación a una milla de distancia sin siquiera comparar precios. Ese ojo de águila y esa percepción extra son tan sensibles que no se les pasa nada. Yo, en cambio, soy el típico hombre que es engañado al adquirir un producto que se ve inquietantemente similar a lo que he sido enviado a comprar a la tienda.

Nunca envíen a un hombre solo a comprar pañales para los niños, los resultados podrían ser algo desastrosos. Debido a que un hombre no incluye los pequeños detalles de las compras en su repertorio, todo lo que él recuerda acerca de los pañales que va a comprar es que vienen en una caja grande de color rojo. Cuando finalmente llega a la tienda, seguro de que él puede hacer esto con éxito, el conflicto que encuentra al tener ante sí tres diferentes fabricantes de pañales en cajas de color rojo es abrumador.

Las Intenciones De Satanás

Es con estas mismas intenciones de engañar Satanás ataca a los hijos de Dios. El esfuerzo por engañar es una lucha hasta el fin que todo lo abarca, sin barreras. Porque la eternidad se sostiene en la balanza, es una "Batalla Real", por el alma. Sea como fuere, esta batalla no ha cesado desde el principio del tiempo y hemos sido debidamente advertidos de que el falsificador maestro, Satanás, intentará lo mismo en nuestras vidas.

Estoy maravillado de que tan pronto os hayáis alejado del que os llamó por la gracia de Cristo, para seguir un evangelio diferente. No que haya otro, sino que hay algunos que os perturban y quieren pervertir el evangelio de Cristo.   (Galatas 1:6-7)

El Error Del Rey Reboam

El error más grande que cometió al principio el rey Reboam al asumir el trono de Judá fue dejar que el mal ejemplo de su padre (Salomón) influyera adversamente en él y permitir que la idolatría de su madre alterara sus hábitos de adoración. Sus vanas imaginaciones cambiaron la gloria de Dios en una imagen que fue formada según a todas las abominaciones de las naciones que el Señor había echado fuera de los hijos de Israel. El comenzó a construir pilares sagrados e imágenes de madera en todo collado alto y debajo de todo árbol frondoso. Puso el nombre de Dios (Jehová) en estos otros ídolos y siguió adorando. Nunca se dio cuenta de que estaba ofendiendo a su creador hasta el punto de que los pecados de Judá, no sólo eran mayores en número, sino también en la depravación. Su idolatría condujo al pueblo a pasiones vergonzosas (es decir, la homosexualidad), que eran abiertamente visible en todo el reino. Los mismos pecados que dictaron sentencia sobre las naciones que Judá había vencido se convirtieron en los mismos pecados que dictaron sentencia sobre el reino de Reboam. El mal hecho en los ojos del Señor, había provocado Su celo suficiente para finalmente dar la espalda a su propio pueblo. Su pecado desenfrenado los debilitó lo suficiente como para ser superados por Egipto, quienes saquearon las riquezas de Jerusalén.

Al quinto año del rey Roboam subió Sisac rey de Egipto contra Jerusalén, y tomó los tesoros de la casa de Jehová, y los tesoros de la casa real, y lo saqueó todo; también se llevó todos los escudos de oro que Salomón había hecho.

(1 Reyes 14:25, 26)

Los escudos de oro hechos por Salomón, una de las posesiones más preciadas de Judá, fueron tomados en este tiempo. Eran más ornamentales en su naturaleza que las armas de guerra y eran exhibidos en público de vez en cuando, generalmente para hacer alarde de la supremacía de Judá en el mundo. Debido a que no podían ser reemplazados fácilmente, Reboam decidió poner en su lugar una falsificación más barata. Los nuevos escudos serían de bronce. A pesar de que el bronce fue considerado un metal precioso en sí, nunca podría ser confundido con el metal más preciado de todos, el oro. Sin embargo, el rey no lo pensó dos veces sobre la sustitución de los escudos con una réplica de inferior calidad, porque por este tiempo en su reino todo lo que era sagrado para Dios ya había sido reemplazado de una manera u otra.

Los escudos de oro habían representado la "verdad de Dios" (Salmos 91:4), una verdad que no puede ser modificada o cambiada. La verdad de Dios no es negociable y debe permanecer tal cual es o hay que sufrir las consecuencias. Este sorprendente giro sólo viene a demostrar hasta qué punto el juicio de Reboam había caído, al nivel de convertirse en corrupto. Sustituir el original eventualmente produciría una maldición, provocando en él una muerte temprana.

Y les dirás tú: Así dijo Jehová Dios de Israel: Maldito el varón que no obedeciere las palabras de este pacto, el cual mandé a vuestros padres el día que los saqué de la tierra de Egipto, del horno de hierro, diciéndoles: Oíd mi voz, y cumplid mis palabras, conforme a todo lo que os mando; y me seréis por pueblo, y yo seré a vosotros por Dios
(Jeremías 11:3-4)

A pesar de que estas palabras de Jeremías fueron escritas en el futuro, después de la muerte de Reboam, el mandamiento realmente fue dado a Moisés para aplicarse a los hijos de Israel y a sus futuras generaciones. Esta misma práctica tuvo que ser aplicada la vida de Moisés y el encargo que se le dio de sacar a los hijos de Israel de Egipto.

Un Enfrentamiento Clásico

El enfrentamiento que Moisés tuvo frente a los magos egipcios fue clásico. Con un juego de manos que parecía ser real, ellos trataron de duplicar los milagros de Dios. Usando técnicas mágicas comunes de la época, intentaron hacerse pasar su cambio como si se tratara de una verdadera unción de Dios. Al igual que Moisés, ellos también fueron capaces de convertir varas en serpientes, agua en sangre, y sacar ranas de la nada. Su unción falsa fue suficiente para convencer al Faraón que sus magos estaban a la par con los mejores de Dios. Las plagas que Egipto experimentó, supuestamente por la mano de Dios, no eran más que trucos de magia que podían ser replicados por los hombres del Faraón.

Después de tres plagas: el Señor planteó algo importante que no podía ser ignorado. Por primera vez en su enfrentamiento con Moisés, los magos egipcios no podían replicar los milagros de Dios y se vieron frenados por Su poder. Y añadiéndose a su humillación, el Señor destruyó todo lo que ellos consideraban sagrado. El Nilo, uno de sus dioses más venerados, estaba contaminado y sus templos de culto fueron profanados por las ranas. A medida que trataron de remediar la situación sin éxito, finalmente tuvieron que admitir que sus poderes eran impotentes ante el único y verdadero Dios, Jehová.

A partir de la cuarta plaga en adelante, el Señor hizo una declaración ante el Faraón, asegurando que el rey sabía exactamente de donde se estaban iniciando las plagas. Hasta que el Faraón estaba dispuesto a dejar a los hijos de Israel salir de Egipto, cualquier plaga que viniera después sería experimentada sólo por los egipcios. El Señor protegería a su pueblo evitándole más sufrimientos.

> *Y aquel día yo apartaré la tierra de Gosén, en la cual habita mi pueblo, para que ninguna clase de moscas haya en ella, a fin de que sepas que yo soy Jehová en medio de la tierra. Y yo pondré redención entre mi pueblo y el tuyo. Mañana será esta señal.*
> *(Excedo 8:22-23)*

Esto no conmovió el Faraón. Con orgullo levantando su repugnante cabeza, se negó a dar la gloria a Dios y a liberar a los israelitas.

El Señor entonces se vio obligado a apretar su control y las plagas continuaron en número y en intensidad. La quinta plaga[1] envió una peste por un período de tiempo que garantizó la muerte de uno de los animales más sagrados de Egipto, la vaca. Los mismos dioses a los que ellos habían orado en busca de ayuda habían sido impotentes ante la muerte.

La Intensificación De Las Plagas

La sexta plaga[2] comenzó a hacer las cosas personales pues ahora los cuerpos de todos los egipcios, incluido el rey, serían atacados por llagas. Estas llagas con el tiempo reventarían en llagas que eran muy dolorosas. Se podría pensar que por ahora el Faraón habría tenido un cambio de mente y actitud. ¡Pero No!

La falta de disposición del Faraón a mostrarse humilde ocasionó la plaga número siete[3], que trajo consigo la pérdida de vidas. Los granizos llegaron acompañados de truenos y relámpagos y arrasaron con todo lo que se le presentaba a su paso, incluidos los seres humanos, plantas y animales. Debido a la severidad de esta plaga, los egipcios estaban sobre aviso, y aun así el Faraón no se conmovió.

Entraron entonces en escena las plagas ocho[4] y nueve[5], causando ceguera a Egipto de diferentes maneras. Las langostas, que el Señor envió eran tantas en número que los egipcios no podían ver sus propias manos, y mucho menos respirar, pues estos insectos destruyeron todo a su paso. Una ceguera mayor se cernió sobre la tierra cuando Dios ocultó el sol y tornó todo oscuridad. Este fue el último insulto a los egipcios, porque el sol, su dios más grande, estaba siendo dominado por Jehova[6]. Esta ceguera fue la manera de Dios de hacer que los egipcios y el Faraón experimentarán la madre de todas las plagas. Teniendo en cuenta que el Señor no traería una maldición sobre alguien hasta que estuviera completamente ciego, Él le dio al Faraón una oportunidad más de arrepentirse. Esa oportunidad no fue aprovechada.

La última plaga, la muerte de los primogénitos, fue la plaga que significó la más desgarradora experiencia para Egipto.

> *Y aconteció que a la medianoche Jehová hirió a todo primogénito en la tierra de Egipto, desde el primogénito de Faraón que se sentaba sobre su trono hasta el primogénito del cautivo que estaba en la cárcel, y todo primogénito de los animales. Y se levantó aquella noche Faraón, él y todos sus siervos, y todos los egipcios; y hubo un gran clamor en Egipto, porque no había casa donde no hubiese un muerto.* (Éxodo 12:29-30)

Las palabras no pueden expresar el dolor que se vio obligada a soportar toda una nación. Gritos de desesperación y clamores de miseria se oía a lo largo de las oscuras calles de Egipto. En todas partes se veía agonía, desolación, angustia y tristeza. El dolor inexplicable no podía ser consolado. Fue el acto que finalmente llevó el Faraón a ponerse de rodillas, admitiendo que Jehová era el único y verdadero Dios.

¿Qué hace que un hombre que ha estado viviendo una vida falsa, sirviendo a un dios falso, llegue a la conclusión de que ha estado viviendo una mentira? En el caso del Faraón, mientras observaba a Moisés a través de la dura prueba, hubo algo constante en la vida del líder hebreo. Ya sea en la derrota, en la desesperanza, la desilusión, el ridículo, la frustración o la confusión, Jehová fue su principal objetivo. Moisés había aprendido que sin importar la situación en que se encontrara, si se tomaba el tiempo de exaltar el nombre de su Dios, atraería a todos los hombres a Él.

Y yo, si fuere levantado de la tierra, a todos atraeré a mí mismo. *(Juan 12:32)*

Moisés enfrentaba sus problemas, ya sea levantando su vara o poniendo en alto el nombre de su Dios. La provisión de Dios no podía ser negada, siempre y cuando Su pueblo aclamara Su nombre. Tan simple como parecía, nunca podría ser invalidado, incluso después que el Faraón, una y otra vez, vio la mano de Dios hacer lo imposible. Si solo él hubiera denunciado a sus magos, como los falsificadores, y al mismo tiempo, hubiera aceptado a Jehová como el único Dios verdadero, los libros de historia hubiera registrado un resultado más positivo para él y su nación.

Cómo Jesús Enfrentó A Los Falsificadores

Es triste decirlo, pero Jesús se encontró con gente falsa todo el tiempo. Una de las razones por las que El habló utilizando parábolas fue para deshacerse de este tipo de personas. Sabía que muchos de Sus seguidores estaban allí por los beneficios, no necesariamente para acercarse a Dios. El uso de las parábolas era Su manera de asegurarse de que los que escuchan el evangelio tenían un deseo genuino de ser salvos.

Exponer a los falsificadores o gente falsa es el propósito de la parábola que encontramos en el capítulo 13 de Mateo.

> *Les refirió otra parábola, diciendo: El reino de los cielos es semejante a un hombre que sembró buena semilla en su campo; pero mientras dormían los hombres, vino su enemigo y sembró cizaña entre el trigo, y se fue. Y cuando salió la hierba y dio fruto, entonces apareció también la cizaña. Vinieron entonces los siervos del padre de familia y le dijeron: Señor, ¿no sembraste buena semilla en tu campo? ¿De dónde, pues, tiene cizaña? El les dijo: Un enemigo ha hecho esto. Y los siervos le dijeron: ¿Quieres, pues, que vayamos y la arranquemos? El les dijo: No, no sea que al arrancar la cizaña, arranquéis también con ella el trigo. Dejad crecer juntamente lo uno y lo otro hasta la siega; y al tiempo de la siega yo diré a los segadores: Recoged primero la cizaña, y atadla en manojos para quemarla; pero recoged el trigo en mi granero.*
> (Mateo 13:24-30)

Lo Que Nos Dice Esta Parábola

La cizaña en un cultivo tiene un aspecto similar al trigo, aunque algo más pequeña y de color negro. Cuando se mezcla con el trigo y se come, provoca mareos, intoxicación e incluso parálisis. Debido a que está profundamente enraizada con el trigo, no se puede separar hasta la cosecha, por miedo de arrancar también el trigo[7].

Jesús usó esta parábola para decirnos que hay un ataque constante, implacable de naturaleza, tratando de destruirnos. Satanás está infiltrando en la iglesia sus impostores, cuando no estamos mirando, y debido a que no son identificables hace que sea casi imposible eliminarlos. Los falsos cristianos con una falsa unción pueden cortar camino para llegar a un alto nivel de éxito con rapidez. Mezclándose en el escenario les da acceso a lugares y personas que no se produciría si fueran expuestos abruptamente.

Estos falsos "santos" se convierten en una espina constante en la carne, nublando nuestro juicio, cuando cuestionan constantemente nuestra capacidad de tomar decisiones. Son difíciles de desacreditar a causa de sus poderosos dones. Son capaces de producir a un nivel alto y por lo tanto son muy respetados. Debido a su reputación, llegamos a la conclusión de que no sólo son ungidos de Dios, sino también que cuentan con Su aprobación.

Es en el proceso del tiempo que su falta de frutos los expone y tira abajo sus cubiertas. Ya no pueden esconderse detrás de sus dones y unción, porque el punto es, que bajo de todas esas hojas bonitas no hay ningún fruto. Un árbol sin frutos es inútil en el reino de Dios.

Por la mañana, volviendo a la ciudad, tuvo hambre. Y viendo una higuera cerca del camino, vino a ella, y no halló nada en ella, sino hojas solamente; y le dijo: Nunca jamás nazca de ti fruto. Y luego se secó la higuera. *(Mateo 21:18-19)*

Mi Encuentro con Los Impostores

En la secundaria tuve la oportunidad de jugar al fútbol en el equipo de una de las mejores escuelas en nuestra área. Cuando me matriculé en la escuela El Rancho High en Pico Rivera, California, el equipo de fútbol tenía sólo dos años de haber sido e campeones nacionales. La ciudad entera vivía totalmente pendiente de lo que pasaba en el campo de fútbol todos los viernes por la noche en el otoño. Sólo pensar que yo iba a ser parte de este deporte gigante me hacia poner la piel de gallina en mi espalda.

Durante los siguientes tres años, me dediqué por completo al juego que siempre me encantó tanto. No había nada que yo no estuviera dispuesto a hacer para ayudarme a prepararme para ser el mejor que podía ser. Cuanto más duro trabajaba, más exitoso era, y los premios se multiplicaban. Hacia el final de mi carrera, mi objetivo era ganar una beca deportiva en una universidad de la primera división. Para mi sorpresa, tuve una oferta de mi escuela favorita, la Universidad del Sur de California, una de las más prestigiosas con programas muy condecorados en todo Estados Unidos.

Fue al mismo tiempo que Cristo vino tocando a la puerta de mi corazón. En el fondo de mi mente, yo sabía que Le debía una, ya que a la edad de cinco años el Señor me sanó milagrosamente de polio. Por otro lado, yo creía que era lo suficientemente joven como para hacer mi carrera futbolística antes de que me dedicara a Dios. Nunca me imaginé que yo podía hacer las dos cosas al mismo tiempo. Yo era un hombre de un talento y conocía mis límites. A lo largo de mi vida, a pesar de mis impedimentos, mi éxito vino de dedicar mi vida a una sola cosa a la vez. Ese era el secreto de mi éxito.

Sabía en el fondo de mi corazón que no podía jugar fútbol universitario con la misma dedicación y servir a Dios, todo al mismo tiempo. Debido a este entendimiento, debía tomar una decisión para dejar de lado una opción o la otra. Cuando finalmente tomé la decisión de servir a Dios, dejando a mi carrera futbolística a un lado, muy a mi pesar la mayor oposición que enfrenté vino de personas cristianas. Una y otra vez, me dijeron que jugar fútbol universitario sólo mejoraría mis oportunidades de ganar almas. Yo sería capaz de influenciar a la gente mucho más de esta manera que si optaba por no jugar. Me recordaban constantemente que mi fama abriría la puerta a los corazones de los inconversos y finalmente a Dios. El efecto que sus conversaciones tuvo en mí fue confúndete. Me encontré un poco aturdido, confuso, encontrando sus palabras muy embriagadoras.

Me di cuenta de que estos falsificadores estaban teniendo el mismo efecto en mí, al igual que la cizaña lo hacía con el trigo.

Mi Corazón Intranquilo

No obstante lo sensibles que sonaban sus argumentos, seguía teniendo problemas para conciliar esas opiniones. Estos cristianos falsos estaban jugando con mi mente. La

Biblia en Mateo capítulo 6, versículo 24, rotundamente afirma que es imposible servir a dos señores. Cualquier intento de hacerlo hace que uno ame al uno y odie al otro.

Ninguno puede servir a dos señores; porque o aborrecerá al uno y amará al otro, o estimará al uno y menospreciará al otro. No podéis servir a Dios y a las riquezas.   (Mateo 6:24)

Entiendo que, literalmente, "Mammon"[8] significa riqueza. Sin embargo, creo que la definición de la riqueza se extiende más que el dinero mismo. El problema que debe ser considerado es que la fortuna suele seguir a la fama, y yo no necesitaba ese tipo de aflicción.

Por otra parte, tratando de hacer las dos cosas sería romper uno de los más grandes mandamientos dados al hombre *No tendrás dioses ajenos delante de mí.* (Éxodo 20:3). Jugar fútbol no era un juego para mí, se había convertido en un dios

Había un último punto a considerar que me molestaba extremamente. Si utilizaba mis habilidades de juego y fama para ganar gente para Cristo, en realidad las estaría ganando para mí, no para El. Ello por sus propios méritos es engañoso y corresponde a la definición de falsificación. Mi propósito fundamental en la vida es llamar la menor atención hacia mí, dando toda la atención a Él. Yo creo que si vamos a exaltar al Señor, Él mismo atraerá a todos los hombres a Él. Realmente no necesita nuestra ayuda.

El hambre de éxito francamente ha comprometido nuestra forma de pensar. La presión provocada por las "multitudes" ha generado tal presión sobre nuestras creencias que hemos comenzado a presentar una fe que es "complacedora".

La unción falsa es la locura de esta generación, porque es muy fácil tenerla. Con una buena educación y una bolsa llena de talento, ¿quién necesita una verdadera unción? Nuestros predicadores están sacando los mensajes del Internet, ajustándolos, y luego los predican como si fueran originales y salirse con la suya. Nuestros maestros diligentemente preparan lecciones que son "políticamente correctas", asegurándose de que nadie se ofenda por la palabra de Dios. Finalmente, nuestros músicos entran en la escena ofreciéndonos música con ritmos mundanos y ritmos que nos mueven porque eso es a lo que estábamos acostumbrados en el mundo. Ellos justifican esta forma de ministerio utilizando el nombre de Jesús, y dicen que son sinceros. Olvidan el hecho de que los babilonios pidieron a los músicos hebreos tocar su música debido a su singularidad y unción. Todos tenemos nuestras razones de por qué hacemos lo que hacemos y todos ellos nos llevan a hacer la misma pregunta. ¿Por qué vivimos en una época que carece de una unción poderosa? ¿Por qué hay tantos burladores y escarnecedores continuamente deseando un caminar más fácil con Dios? ¿Por qué estamos dispuestos a sustituir la unción original con una réplica que no nos va a costar un gran precio?

Volviendo A Nuestras Raíces

Si alguna vez vamos a ver la unción producir las señales y milagros que la primera Iglesia experimentó, nuestro enfoque debe volver a sus raíces. Debemos exaltar el nombre de Jesús de la manera en que nuestros antepasados lo hicieron. En su simplicidad es lo suficientemente potente como para traer todo este mundo a sus pies. No necesitamos las técnicas de Madison Avenue, no estamos en busca de locuras tipo Hollywood. Los personajes de la industria musical no deben tener un lugar en nuestros cultos de adoración. Necesitamos un movimiento del Espíritu Santo, exaltando el nombre de Jesús. No cometan el mismo error que cometió Reboam, reemplazando la verdad de Dios y Su unción con algo falso. No sólo le costó su reino y su legado, sino que finalmente le costó la vida.

Notas Finales

1. Ex 9:1-5
2. Ex 9:8-12
3. Ex 9:13-26
4. Ex 10:1-15

5. Ex 10:21-23
6. Unger's Bible Dictionary, Plagues of Egypt (Plagas de Egipto)
7. Fausset's Bible Dictionary, Tares (Cizaña)
8. King James Version

Capítulo 6

Heredando la Tierra con Mansedumbre

Bienaventurados los mansos, porque ellos recibirán la tierra por heredad.   *(Mateo 5:5)*

Si alguna vez ha habido un título de un capítulo de un libro que se haya considerado fuera de lugar, es éste. ¿Cómo se puede decir que el tema de la mansedumbre habría de hallar su sitio en un libro sobre unción? ¡Tiene tanto en común con la unción como de común tienen los partidarios pro-vida con los partidarios a pro elección. ¡Nada en absoluto! El pasaje de las Escrituras mencionadas arriba da la misma respuesta, porque de manera superficial parece ser una contradicción. Si lo vemos desde un punto de vista del mundo, en nuestros tiempos no hay líderes que gobiernen con mansedumbre. Es con puño de hierro o gobierno implacable lo que les permite alcanzar sus más altas metas. Sus estrategias sin piedad e ideas innovadoras, los conducen precipitadamente a las atmósferas del éxito, rompiendo nuevas barreras mientras dejan a otros atrás. Por decirlo así, el heredar lo mejor que este mundo le puede ofrecer, rara vez le llegará a los mansos.

Cuando el Señor se toma tiempo para dejarnos pasajes en las Escrituras que a primera vista no tienen sentido, nos incumbe a nosotros examinarlos con un poco más de profundidad. No podemos tomarlos por su valor aparente, porque si lo hacemos, tenemos la posibilidad de perdernos una bendición que se hallaba oculta ahí. Las palabras manso o mansedumbre son las palabras en las que nos vamos a concentrar y ver si podemos encontrar la llave que abrirá el tesoro bien escondido de nuestro entendimiento.

Entendiendo La Mansedumbre

Yo creo que, a fin de comprender la mansedumbre en sentido bíblico, debemos tomarnos tiempo para diseccionar la palabra desde una perspectiva global. Hay palabras en el vocabulario inglés que riman con la mansedumbre y nos brindan un mejor entendimiento de cómo el mundo percibe su característica divina. Manso (meek, en inglés) no solo rima con débil (weak, en inglés), sino que también suena bastante parecido a una palabra que se usa con un sentido negativo, la palabra friki (geek, en inglés).

A los frikis de este mundo nunca se les toma en serio porque no se ajustan a las normas. Pudieran ser superiores en las áreas del intelecto, pero debido a su carencia de habilidades sociales se apartan solos. Los frikis no se caracterizan por gustarles "las cosas varoniles", por lo tanto, el sexo opuesto tiene dificultades para relacionarse con él en sentido romántico. Ellos pueden tener el coeficiente intelectual de un genio, pero su familiaridad con la cultura social se suma a cero.

La parte "débil" de la definición es igual de perturbadora. La mansedumbre ha sido siempre considerada una característica femenina, y ningún hombre en su sano juicio quisiera que le colgaran esa etiqueta. Uno imagina que un hombre manso es, por lo tanto, alguien amanerado, de habla afeminada, un niñito de mamá que no sabe luchar para salir de una bolsa de papel.

Tomando en consideración las diversas culturas que condenan esta clase de comportamiento entre la población masculina, la mansedumbre no se acepta fácilmente en los hombres.

Es con esto en mente que, la Iglesia de hoy tiene dificultades cuando califica la mansedumbre de cualquier otra forma. Puede ser uno de los frutos del Espíritu del que habla el libro de Gálatas, no obstante, nuestro uso del término mansedumbre lo reservamos usualmente para nuestras damas.

Si hubiéramos de contarle que, los más grandes héroes de la Biblia fueron en realidad mansos, me da la impresión de que usted también tendría dificultades para creerlo. Hablo de gente como Elías, Pedro, e Isaac. Esta lista también podría incluir a Sansón, Josué, David, y todo el resto de los magníficos guerreros a través de las Escrituras. Por supuesto, la lista no estaría completa si excluyéramos a Abrahán, al apóstol Pablo, y a Jesús mismo. Sin embargo, cuando nos vienen a la mente estos grandes hombres de Dios, la mansedumbre no es la primera cosa en la que pensamos. Ungidos, tal vez, pero mansos, jamás. Atributos como sin desatinos, dinámico, decisivo, o innovador son las características que nos gusta usar para describir a los héroes a quienes quisiéramos emular. En realidad, estos hombres que he mencionado, entre otros, fueron, verdaderamente mansos, aunque no lo sepan. Al final del capítulo, volveremos a esta afirmación y creo que ustedes tendrán una perspectiva completamente distinta.

Definiendo La Mansedumbre

Es hora de darle una definición a la palabra mansedumbre tal como la ve Dios. La paradoja de esta definición en realidad procede de donde la descubrí. La mansedumbre fue usada con referencia a los ganadores en 1985 del Super Bowl, los Chicago Bears. Echen una mirada al blog que Kevin Seifert escribió para ESPN.com al describir a esos mismos Bears.

> *"Los Chicago Bears de 1985 eran conocidos, por igual, tanto por su predominio en la defensa como por tener una personalidad dominante. El defensa "46" de los Bears radiante de felicidad los espoleó con un 12-0 en el inicio, en una temporada oficial con 15-1 y con el más amplio margen de victoria en un juego de Super Bowl de aquellos tiempos. Y una lista que incluía a tres jugadores del Salón de la Fama, cinco*

All-Pros y nueve Pro Bowlers nos brindaron unas imágenes duraderas y únicas."

Con todo ese derrame de testosterona por todos lados, usted pensaría que, ser considerado como manso sería un insulto, pero realmente no lo fue. Como ve, aquel equipo de Bears de 1985 los dominaba y/o controlaba una meta común. Al comienzo de la temporada, emprendieron el camino para convertirse en el mejor equipo de fútbol americano. El sacrificar sus propias voluntades, egos, y metas personales les permitió alcanzar su objetivo principal y pasar a la historia como uno de los más grandes equipos de fútbol que ha habido jamás.

La mansedumbre a los ojos de Dios, es pues, tener la capacidad de ser dominado o controlado por el Espíritu (unción) de Dios. De la misma manera, si usted doma un caballo salvaje, con mucho entrenamiento este puede llegar a ser un purasangre. El hombre ha hallado modos de domar nuestros ríos salvajes resultando en una abundancia de electricidad. Asimismo, los científicos han usado la doma de los átomos para inventar la energía atómica. ¿Quiere usted saber lo que podemos conseguir cuando nosotros, los hijos de Dios, somos dominados por Su unción? **¡LA IMAGEN DE CRISTO!**

Al intentar hallar nuestro camino en el reino de Dios, hacemos nuestra elección sin saber realmente qué debemos procurar. Estamos, por naturaleza, tan hambrientos de poder, que nos atrae por su influencia, impidiéndonos ver las oportunidades de recibir algo mejor de Dios. Uno debe tomar en consideración que, cuando se nos asigna poder, debemos de tener en cuenta que también trae consigo una gran responsabilidad.

Han habido varias ocasiones en mi vida, en las que me he enfrentado a murmuradores quejándose de que ellos también podrían producir grandes milagros si tuvieran el mismo poder que se me había concedido a mí. A esto, siempre he contestado de la siguiente manera. No les haría ningún bien, obtener el gran poder de Dios, si no pudieran ser domados por

Su unción. Digo esto, porque hay tantos cristianos "descontrolados" hoy, que están usando sus dones, cuando no es esa la voluntad de Dios. Toman algo que se proveyó para bien y lo contaminan para mal.

Jesús: Siempre Bajo Control

Incluso Jesús mismo comprendió el concepto del tiempo perfecto, creciendo en gracia hasta llegar Su vida entera a estar bajo el control del Espíritu. Esto vino de un hombre que no conoció pecado y empleó la experiencia del desierto, los 40 días en el desierto, para aprender en qué consistía la obediencia.

> *Porque no tenemos un sumo sacerdote que no pueda compadecerse de nuestras debilidades, sino uno que fue tentado en todo según nuestra semejanza, pero sin pecado.* *(Hebreos 4:15)*

Póngase en Sus zapatos por un momento. Aunque Él era el Hijo de Dios sin pecado y estaba en una misión para dar Su vida por la humanidad, Satanás hizo cuanto pudo para impedir que eso ocurriese. Imagine usted las tentaciones que Jesús enfrentó incluso antes de la experiencia en el desierto. Con seguridad hubo ocasiones en que Él pudo haber usado Sus poderes divinos para el bien. Proveer alimentos para los pobres, levantar de la muerte a un amigo que estaba mortalmente enfermo, a diario se le presentaban una infinidad de circunstancias para dar rienda suelta a Su gloria. Pero la mansedumbre le hacía contenerse una y otra vez. Ese era el factor determinante que le permitía mantener Su unción a buen recaudo y no empezar Su ministerio antes del tiempo señalado.

Hay algo en común que hallo en la mayoría de la gente con dones. Ellos creen honestamente que, sus dones deberían exhibirse de forma pública por 24 horas los 7 días a la semana, sin tener en consideración las consecuencias. Esa es la razón por la que muchos pastores están inseguros a que florezcan los ministerios de los "dones del Espíritu". Se ha hecho más daño que bien, cuando estos entusiastas descontrolados no usan la palabra de sabiduría para sujetar sus repentinos arrebatos. En consecuencia, se han revelado cosas en público que deberían haberse mantenido en privado. Las reputaciones se han visto perjudicadas hasta el punto de que, ahora, muchas de estas ya no pueden ser restauradas, y el ministerio profético ha recibido un duro golpe. La mansedumbre es el fruto del Espíritu designado desde el cielo, no solo para minimizar estos errores, sino para acabar con ellos por entero. Al darnos cuenta que para el cuerpo de Cristo existe una gran necesidad de usar este don en particular, es importante aprender cómo la mansedumbre realza el reino de Dios.

Salvando A Los Perdidos

El más esencial uso de la mansedumbre que encontramos en Su reino es cuando se usa para ayudar a salvar a los perdidos.

> *que con mansedumbre corrija a los que se oponen, por si quizá Dios les conceda que se arrepientan para conocer la verdad,*   (2 Timoteo 2:25)

Cuando se nos presentan debates religiosos, doctrinarios o de otro estilo, hay tal deseo innato por ganar nuestro argumento, que todo aquello en lo que podemos pensar es en nuestra reputación. No estamos interesados en la revelación que se pudiera ganar, sino mucho más en qué explicación vamos a dar a nuestros colegas por haber perdido la discusión. Una filosofía de "ganar a toda costa" ensombrece nuestras buenas intenciones y hace que nos encontremos fuera de control, trayendo, finalmente, una vergüenza a nuestras vidas que va a ser difícil que nos recuperemos. Debemos recordar que la verdad dicha sin mansedumbre ofende.

> *Que a nadie difamen, que no sean pendencieros, sino amables, mostrando toda mansedumbre para con todos los hombres.*   *(Tito 3:2)*

Es interesante notar la palabra que Tito usa para describir qué no debemos ser cuando tratamos con toda clase de hombres. La palabra "pendencieros" es una magnífica imagen ilustrativa. Digo eso porque cuando veo una palabra particular, mi mente regresa a mi infancia y a mi gusto por los dibujos animados. Popeye era mi héroe, y por supuesto me disgustaba totalmente Brutus, su rival. Mi recuerdo de Brutus era que él era el vivo retrato de un pendenciero. Siempre estaba buscando pelea con Popeye, muchas veces por ningún motivo en absoluto, simplemente por pelear. Una cosa que no he entendido en toda mi vida ha sido su constante lucha por ganar el corazón de Olivia Oyl. Ella, realmente, no era para tanto. Ay Dios mío, me he distraído y debo volver al grano.

Ni que decir, usamos la misma filosofía en nuestras técnicas para ganar almas. Usamos insensatamente la doctrina de Hechos 2:38 a modo de hacha, cortando en garras a la gente. Luego, por si eso no fuese suficiente, cuando los hemos derribado al suelo, rendidos sin que lo puedan evitar de modo alguno, sacamos nuestro calibre dos 38s para desplomarlos. Mientras nuestro orgullo nos convence de haber ganado una gran batalla, en realidad hemos perdido la guerra.

Una Gran Lección Aprendida

Aprendí una gran lección de un pastor amigo mío que estaba empezando su primer pastorado a bastante distancia de donde el vivía. Cuando se instaló allí, se dio cuenta de que había gran necesidad de encontrar una escuela cristiana para sus hijos. La ciudad, realmente, solo tenía una escuela en la zona que utilizaba el mismo currículo que se usaba en la escuela anteriormente. Lo único que podía hacerle desistir de inscribir a sus hijos allí era que la escuela no era de su misma fe. Convencido de que esa inconveniencia no era tan importante como la educación de sus hijos, los matriculó allí, de todos modos.

Se tomó el tiempo para conocer a ese pastor de otra denominación, invitándole a almorzar de vez en cuando. Por mucho que quería cavar en temas doctrinales, el Espíritu Santo le instaba a esperar. Sintió con fuerza en el Espíritu que debía formar una fuerte amistad con el pastor antes de hablar con él sobre ciertos temas.

Había pasado algún tiempo y sus encuentros se habían hecho cada vez más y más frecuentes. Un día, de forma inesperada, el pastor le invitó a hablar en un campamento de fin de semana patrocinado por la iglesia local. Después de recibir luz verde del Señor, él le preguntó al pastor si había un tema en particular que quisiera que siguiera. El pastor le respondió con un "lo que sea que el Señor le de." Fue entonces cuando él se sintió con confianza para predicar una serie de mensajes que trataban de la unicidad de Dios.

Para abreviar, el campamento acabó con que el pastor cayó en bendición bajo el Espíritu, hablando en otras lenguas mientras recibía el Espíritu Santo. Cuando recuperó la compostura, tomó con confianza su lugar detrás del púlpito y con valentía proclamó que él acababa de recibir la revelación de la unicidad de Cristo. Entonces anunció a su congregación que iba a pedir al predicador visitante que le bautizase en el nombre de Jesús, y preguntó si había alguien más que aceptase la oferta. Ese mismo día, otros 30 miembros más fueron bautizados en agua juntamente con su pastor.

Si la mansedumbre no hubiera tomado control de las emociones de mi amigo, él probablemente le habría hablado fuera de tiempo al otro pastor mucho antes de que aquél estuviese listo. El mensaje habría caído en oídos sordos, probablemente rompiendo la amistad entre ellos, sin dejar ninguna otra oportunidad. La mansedumbre volvió a salvar el día.

Ayudando A Nuestros Hermanos

La siguiente razón importante por la que Dios escogió la mansedumbre fue para proveer ayuda cuando nuestros hermanos estén en problemas.

> *Hermanos, si alguno fuere sorprendido en alguna falta, vosotros que sois espirituales, restauradle con espíritu de mansedumbre, considerándote a ti mismo, no sea que tú también seas tentado.* (Galatas 6:1)

La restauración en tiempos pasados fue para la iglesia un concepto difícil de asimilar. Si no me falla la memoria, ni siquiera estaba en el vocabulario de la mayoría de las iglesias. Resulta divertido pensar que cuando era un niño, nuestra congregación solía cantar una canción del Salmo 136 que repetía la palabra "misericordia" en todos sus 26 versos. El director de canto cantaba la primera porción del verso, seguido de la congregación, que cantaba unánime la frase, "porque para siempre su misericordia es." Esta canción en realidad tomaba una eternidad para cantarla y era una de las que menos me gustaban. Lo más triste es, que la mayoría de la gente que la cantaba con tanto vigor, no tenían un hueso de misericordia en su cuerpo. Digo esto porque la regla general para tratar con el pecado era: un fallo y estás fuera. Esta regla adquiere un carácter más inflexible cuando se pronuncia juicio sobre los así llamados pecados "imperdonables." Mi padre cayó en esa categoría, cuando cometió adulterio, y como resultado fue excomulgado de por vida. En su ignorancia, la iglesia carecía de control, tanto como lo carecía Saulo cuando perseguía a la iglesia. En su modo de razonar, él estaba limpiando al mundo de gente que no creía de la forma correcta. No fue sino hasta que el Señor lo derribó de su caballo, que literalmente, fue enderezado.

Nuestra Iglesia En Los Años 60

Yo tenía unos 10 años de edad en la época de lo que voy a contar que ocurrió en nuestra iglesia local. Hasta el día de hoy, es algo que nunca he olvidado. Para que usted entienda la situación tal como se desarrolló, necesito regresar a la década de 1960 para que vea cómo funcionaban las cosas en aquella época.

La iglesia era, literalmente, un mundo en blanco y negro. Lo que quiero decir con eso es que todo lo que se llevaba en la iglesia o era blanco o era negro. No existían muchos estilos o diversidad porque todo el mundo vestía la misma cosa. Para los hombres el requisito era llevar pantalones negros, zapatos negros, calcetines negros y una corbata negra. Nuestras camisas eran siempre blancas. Para las mujeres, las faldas y/o vestidos negros, los zapatos cerrados negros, y una blusa blanca eran la norma.

Había separación entre hombres y mujeres. Desde la plataforma, mirando hacia la congregación, los varones estaban sentados a la izquierda y las mujeres estaban a la derecha. No importaba si usted estaba casado, las parejas no se sentaban juntas. Había también un orden particular en el que teníamos que sentarnos. Los más jóvenes se sentaban siempre en la primera fila, seguidos de los primarios y los jóvenes. El grupo de los adolescentes ocupaba las siguientes dos filas con los varones casados sentados en la parte de atrás. El mismo orden se practicaba en el otro lado de la iglesia por las mujeres.

Había un lugar especial en la parte posterior de la iglesia, separado del resto de la congregación, para aquellos que ingresaban tarde. Antes que uno se sentase en esa sección, uno de los ujieres le pedía que subiese al altar y orase. Eso era, en cierto modo, embarazoso y considerado una penalidad por llegar tarde. Mientras usted regresaba a su asiento, era saludado por miradas arrogantes y risitas desmoralizadoras. Era el precio que tenía que pagar por su falta de disciplina.

Los servicios eran prolongados, muchas veces se extendían hasta la medianoche. Los movimientos poderosos de Dios no eran cosa infrecuente, y nosotros, como niños, teníamos que acostumbrarnos al hecho de que íbamos a tener que permanecer allí por bastante rato. Hay un antiguo dicho que dice "los niños tienen que jugar," y en nuestro caso no éramos diferentes. Teníamos que encontrar algo durante el servicio que ocupase nuestra atención. Me alegra decir que nuestra congregación no defraudaba.

Varias cosas que sucedían de forma simultánea, mantenían nuestros ojos pegados al altar. Lo primero de todo, cuando el coro cantaba, había una canción en particular que cantaba una joven que siempre causaba gran revuelo. Llegado un momento en particular de la canción, siempre se desmayaba. Para aquellos que visitaban el lugar por primera vez y no sabían nada de esto, se convertían en presa fácil cuando apostábamos a que eso iba a pasar. Lo que era más divertido y alucinante era cuando el Espíritu de Dios se encargaba por completo del servicio. El correr, saltar, bailar, y temblar bajo la unción era algo digno de contemplar. Pero había cierta joven que, cuando empezaba su baile, nos tenía completamente cautivados. Digo esto, porque ella se iba desde un lado del altar donde se suponía que debían estar las mujeres, hasta el otro lado donde los hombres tenían su lugar. Sin abrir sus ojos, ella bailaba hasta el otro lado donde estaba sentado su novio y cuando llegaba a encontrarse justo delante de él, se desmayaba en sus brazos. Hasta el día de hoy, jamás nos dimos cuenta de cómo lo hacía.

Finalmente, el punto culminante del servicio llegaba cuando los "holy rollers" (santos rodadores) hacían su tarea. Ese ministerio estaba reservado solamente a los hombres, porque bajo la unción, ellos caían al suelo y empezaban a rodar desde un extremo del altar hasta el otro. Cuando esto ocurría, los que estábamos en la primera fila, elegíamos un hermano y le animábamos como si estuviéramos en la pista donde se hacen las apuestas por los caballos. Había veces en que nos metíamos en el asunto, y estoy seguro de que mientras saltábamos arriba y abajo, y gritábamos por su éxito, el resto de la multitud, probablemente pensaba que el Espíritu Santo había descendido sobre nosotros también. Ahora que usted comprende el ambiente de la iglesia en aquella época, le voy a explicar cómo Dios usa la mansedumbre para evitar lastimar a los hermanos.

Un Acontecimiento Inolvidable

Un domingo por la noche, antes de que fuese a empezar la predicación, fui corriendo a los baños. Mientras me dirigía allá, me percaté de una de las damas jóvenes que estaban sentadas en la parte de atrás. Me hice la idea de que habría ingresado tarde y la habían obligado a sentarse allí. Cómo yo realmente necesitaba ir a los baños, no le presté demasiada atención. Cuando se llevó a cabo la llamada al altar de aquella noche, ella apresuradamente se dirigió a la parte de adelante, arrodillándose justo delante del púlpito. Me di cuenta de que mientras se dirigía a Dios con llanto, se encontraba completamente quebrantada. Pensé que era extraño que no viniese nadie para ayudarla a orar. Cuando el Espíritu del Señor se apaciguó y todo el mundo regresó a sus asientos, ella seguía allí sola, llorando amargamente. Por fin, la directora de las damas se arrodilló a su lado y empezó a orar con ella. En cuestión de segundos, aquella joven se levantó abruptamente, salió corriendo de la iglesia, y jamás volvió a ser vista.

Varios años pasaron, cuando, en una conversación con mi mamá, le pregunté qué había ocurrido realmente aquella noche en el altar. Ella dijo que dentro de algunas palabras, la directora de las damas le susurró lo siguiente al oído de la joven: *"Saca de aquí tu vida sucia que no sirve para nada. A causa de tu pecado, no haces más que contaminar este altar. Si sabes lo que es bueno para ti, vete ahora y no vuelvas nunca."*

Yo siempre había creído que el altar de Dios era un lugar para el arrepentimiento. Si es así, y sé que lo es, aquella persona que dirigía a las damas estuvo completamente fuera de control. En otras palabras, carecía drásticamente de mansedumbre. Las Escrituras en Gálatas nos amonestan a restaurarnos los unos a los otros en el espíritu de mansedumbre, considerándonos a nosotros mismos, no sea que nosotros también seamos tentados de la misma manera. Un fallo en obedecer puede traer consecuencias mortales. La joven que nunca regresó, encontró otra iglesia dispuesta a restaurar su vida de nuevo a Cristo. ¿Qué le ocurrió a aquella persona orgullosa que dirigía las damas? Lamentablemente, padeció una muerte prematura.

El Consejo Sabio De Jesús

El fruto de la mansedumbre era tan importante para el Señor que Él lo mencionó en una declaración que hizo cuando quería que Sus discípulos aprendiesen el beneficio más importante de Su vida.

Venid a mí todos los que estáis trabajados y cargados, y yo os haré descansar. Llevad mi yugo sobre vosotros, y aprended de mí, que soy manso y humilde

de corazón; y hallaréis descanso para vuestras almas; porque mi yugo es fácil, y ligera mi carga.
(Mateo 11:28-30)

El Señor podía haberles enseñado cómo echar fuera demonios o incluso cómo levantar a alguien de entre los muertos. Pero en retrospectiva, la lección más grande que el Señor verdaderamente podía darles era comprender que la mansedumbre era un atributo singular que le permitía a Él ser tan dinámico como era. El Espíritu siempre tenía Sus emociones, pensamientos y acciones bajo control.

Dicho esto, creo que ahora podemos regresar a los héroes de quienes hablábamos al comienzo del capítulo. En aquel momento, hice una declaración de que esos héroes de la fe eran en realidad hombres "mansos", es simplemente que no lo sabíamos. Como usted ha leído en este capítulo, yo creo que ahora concuerda conmigo de que eso es cierto. Ser controlados por el Espíritu de Dios era una de las cosas más poderosas que estos hombres tenían en común. La mansedumbre estaba a la vanguardia de sus victorias y era lo que marcaba la diferencia en sus vidas. Tener una mejor comprensión de este fruto del Espíritu, debería ayudarnos a hacer un cambio paradigma, uno que verdaderamente cree:

Bienaventurados los mansos, porque ellos recibirán la tierra por heredad. *(Mateo 5:5)*

Capítulo 7

Obteniendo Una Unción Simplemente Envuelta

Bienaventurados los que tienen hambre y sed de justicia, porque ellos serán saciados.   (Mateo 5:6)

Como el ciervo brama por las corrientes de las aguas, Así clama por ti, oh Dios, el alma mía. Mi alma tiene sed de Dios, del Dios vivo; ¿Cuándo vendré, y me presentaré delante de Dios?   (Salmos 42:1-2)

Para todos ustedes, aventureros espirituales, avergüéncense por haberse saltado los primeros seis capítulos. Yo sé que la tentación de ir al grano es abrumadora, sin embargo, a medida que ustedes hojean este capítulo, estoy seguro de que se quedarán, de algún modo, decepcionados en lo que tiene que ver con alcanzar una unción simplemente envuelta. Todo se reduce a dos cosas que en realidad puedo ensamblar juntas. Una es el hambre y la otra es la pasión. Con un hambre apasionada, se puede tener una unción simplemente envuelta. Ahora, para el resto de ustedes que aún están interesados en ascender a este nivel de relación con Dios, concédanme algo de tiempo para separar ambas palabras y abrirles la puerta del entendimiento.

El hambre está en primer lugar en la agenda, y con razón. Según el Servicio de Educación sobre el Hambre en el

Mundo en su reporte del 2011, en números redondos hay 7 billones de personas en el mundo. De este modo, con una estimación de 925 millones de personas con hambre en el mundo, el 13.1 por ciento, o casi 1 de cada 7 personas tienen hambre. Las estadísticas ni siquiera toman en consideración a los desnutridos en el mundo. De acuerdo a la estimación más reciente que pudimos encontrar en Hunger Notes, la desnutrición afecta al 32.5 por ciento de los niños de países en edad de desarrollo uno de cada tres. Geográficamente, más del 70 por ciento de los niños desnutridos viven en Asia, el 26 por ciento en África y el 4 por ciento en Latinoamérica y en el Caribe.

Para la mayoría de nosotros, estos números no significan nada. Digo esto, porque la mayoría de aquellos que leen este libro, jamás han pasado hambre. Para todos aquellos restaurantes disponibles que están abiertos las 24-horas del día para nuestro antojo, nos haría bastante bien no sentarnos a la mesa de vez en cuando. Estas estadísticas nos hacen sentir mal por el momento, pero en realidad nosotros simplemente no podemos identificarnos con el resto del mundo que se va a la cama con hambre. Nuestra condición espiritual está igualmente en bancarrota y nuestra hambre de conocer a Dios ha sido apagada por conformarnos nosotros con ministrar exclusivamente a los del atrio exterior.

Comparaciones Del Atrio Interior y Exterior

El templo del Antiguo Testamento estaba dividido en dos partes. El atrio exterior del templo se usaba diariamente para ministrar y para los sacrificios. El atrio exterior tenía como objeto ministrar al pueblo. Cualesquier necesidades, inquietudes, o problemas que tuviese Israel se trataban en los confines del atrio exterior. Este es el lugar del templo donde los sacerdotes se encontraban a plena vista del pueblo de Dios. Era desde esta posición que todos podían observar y admirar las habilidades de estos hombres de Dios cuando preparaban los sacrificios de manera experta y competente. Ganarse a la gente, era la motivación primaria de estos líderes espirituales de Israel. Era agotador y arduo y no obstante esencial para llegar a ser un sacerdote próspero.

El atrio interior, por otra parte, tenía como objeto algo completamente distinto. El santuario interior estaba dividido en dos cuartos, el Lugar Santo y el Lugar Santísimo. Únicamente los sacerdotes estaban autorizados dentro de estas áreas sagradas dedicadas para ministrar al Señor. Por supuesto, ministrar al Señor no era tan glamoroso o de alto perfil, porque todas las cosas se hacían en secreto, lejos de la aclamación del pueblo.

Los Levitas Se Extravían

Hubo una situación, que surgió en el tiempo de Ezequiel, en que los levitas (sacerdotes) se extraviaron. La conmoción y el escándalo ocasionados en el atrio exterior, había, finalmente, causado estragos, y los levitas habían ignorado lo que era su prioridad más importante.

Y los levitas que se apartaron de mí cuando Israel se alejó de mí, yéndose tras sus ídolos, llevarán su iniquidad. Y servirán en mi santuario como porteros a las puertas de la casa y sirvientes en la casa; ellos matarán el holocausto y la víctima para el pueblo, y estarán ante él para servirle. Por cuanto les sirvieron delante de sus ídolos, y fueron a la casa de Israel por tropezadero de maldad; por tanto, he alzado mi mano y jurado, dice Jehová el Señor, que ellos llevarán su iniquidad. No se acercarán a mí para servirme como sacerdotes, ni se acercarán a ninguna de mis cosas santas, a mis cosas santísimas, sino que llevarán su vergüenza y las abominaciones que hicieron. Les pondré, pues, por guardas encargados de la custodia de la casa, para todo el servicio de ella, y para todo lo que en ella haya de hacerse. Mas los sacerdotes levitas hijos de Sadoc, que guardaron el ordenamiento del santuario cuando los hijos de Israel se apartaron de mí, ellos se acercarán para ministrar ante mí, y delante de mí estarán para ofrecerme la

grosura y la sangre, dice Jehová el Señor. Ellos entrarán en mi santuario, y se acercarán a mi mesa para servirme, y guardarán mis ordenanzas. Y enseñarán a mi pueblo a hacer diferencia entre lo santo y lo profano, y les enseñarán a discernir entre lo limpio y lo no limpio. En los casos de pleito ellos estarán para juzgar; conforme a mis juicios juzgarán; y mis leyes y mis decretos guardarán en todas mis fiestas solemnes, y santificarán mis días de reposo.
(Ezequiel 44:10-16, 23, 24)

Permítanme resumir esta porción de las Escrituras diciendo que, la adoración de ídolos causó que ambos, los sacerdotes y los hijos de Israel, fuesen juzgados por el Señor. Usted pensaría que ante esta demostración evidente de idolatría, el Señor no querría tener nada que ver con ellos. Pero este juicio de parte de Dios fue distinto a cualquier otro en que el único castigo que se administró fue no restringir a los sacerdotes de ministrar a Dios. En realidad, qué juicio tan extraño. Era la decisión del Señor abandonar a estos desganados amantes de la gente a si mismos.

Por supuesto, el Señor no iba a ser abandonado afuera en el frío sin nadie que Le adorase ni le ministrase. Había un grupo de levitas, los hijos de Sadoc, a quienes se les dio esta responsabilidad. Estos jóvenes levitas estaban cortados con distinta tijera, tal vez no eran tan populares con el pueblo y seguramente no tan hábiles en los sacrificios del atrio exterior, pero si había una cosa que les separaba del resto de la multitud, su capacidad de adorar el nombre del Señor.

Los Levitas De La Era Moderna

Las similitudes entre los levitas y nuestros propios ministerios son atemorizantes. El paralelo se hace más obvio cuando nos damos cuenta de que ministrar al Señor ha sido reemplazado por la adoración idólatra. Los ídolos, en nuestro caso, no han llegado a ser ningunos otros sino nuestros propios ministerios. Vivimos para ministrar en el atrio exterior, porque ahí es donde aumentamos nuestra autoestima.

Teniendo la plataforma por nuestro escenario, actuamos para la multitud con la esperanza de su aprobación. Lo que ellos piensen y crean es mucho más importante que lo que Dios piense de nosotros, de ahí viene nuestra fijación en el atrio exterior. Lo que hace que esto sea más desagradable a los ojos de Dios, es el hecho de que, a fin de prosperar en el atrio exterior, la oración y la consagración no forman parte de la ecuación. Triste es decir que las están reemplazando por la experiencia, la educación y el talento. Lo que resulta aún más trágico es el hecho de que, tenemos un gran seguimiento de parte de nuestros observadores en el atrio exterior. Aquellos que escogen seguirnos, siguen nuestros pasos, y realmente nunca aprenden cómo ministrar a Dios.

Recuerdo haber oído una interpretación grabada de lenguas, que hacen que un escalofrío me recorra la espina dorsal. Se decía de un modo que se podía sentir la gracia de nuestro Padre Celestial, no dejando lugar a dudas de qué cuando hablaba de la relación personal.

La interpretación siguió más o menos de esta forma, *"Entré al cuarto y estuve parado cerca por largo rato. Esperé que reconocieses a mi cercanía y te volvieses en mi dirección. Esperé por largo rato, pero tú estabas tan ocupado, haciendo lo que estabas haciendo, que no supiste que yo estaba cerca. Yo quería que tú te volteases, porque quería decirte que te amaba, pero no lo hiciste. Nunca estuviste consciente de mi presencia."* Note usted que este mensaje tuvo lugar en un ambiente cotidiano, no durante un servicio de la iglesia. El Señor estuvo dispuesto a ser un esfuerzo extra para tener comunión con uno de Sus hijos. No obstante, aquella invitación nunca tuvo oportunidad desde el principio, porque murió en este mundo lleno de obligaciones.

Una lección Vergonzosa

Años atrás, aprendí una inolvidable lección de mi hijo, Timothy. Él no es únicamente mi hijo mayor, sino también mi único hijo. Desde el momento en que nació hasta ahora, que se está preparando para casarse con el amor de su vida, siempre ha vivido a la altura de su nombre. El propósito de

Unción Simplemente Envuelta

preferir el nombre de Timoteo por encima del de George fue por esa misma razón. "Timoteo" significa "dádiva de Dios," y él, ciertamente tuvo la oportunidad de demostrar eso particularmente en esta ocasión.

Él tenía 12 años de edad en aquella época y estaba apenas recién convertido. Yo tuve el honor de bautizarle a aquella tierna edad recordando que el Señor ya le había llenado de Su Espíritu cuando solo tenía siete años de edad. Yo estaba tratando de ser su mentor en los pormenores de la vida cristiana, ayudándole a ver que la oración era la piedra angular para una gran relación con nuestro Dios.

Con eso en mente, nos despertábamos cada mañana a la hora intempestiva de las 3:30 de la mañana, y nos dirigíamos a la iglesia para orar cuando abrieran sus puertas a las 4 a.m. Él comprendía que, aún cuando no pudiese seguir mi ritmo en la cantidad de tiempo que yo pasaba en la presencia del Señor, me rogaba que le dejara pegarse a mí de todos modos. Después de aproximadamente media hora de oración, él, de forma silenciosa, salía de la iglesia y volvía al carro para dormir. Mantuvimos este horario 5 días a la semana, cada semana del año.

En esa época de mi ministerio, yo tenía un trabajo de tiempo completo y luego evangelizaba los fines de semana. No tenía el lujo de tomarme tiempo libre del trabajo, de modo que usaba tiempo los viernes para salir temprano si es que tenía que viajar en avión por el país. Tan pronto como el servicio de avivamiento terminaba el domingo, me apresuraba a tomar el avión de regreso para poder estar de vuelta en el trabajo el lunes por la mañana a las 8 en punto a.m. Después de hacer eso durante varios años, aquello empezó a hacer, físicamente, estragos en mí, y poco a poco me estaba agotando.

Fue uno de esos lunes por la mañana, completamente exhausto de uno de mis viajes, que tomé la decisión de quedarme dormido hasta tarde. He aquí que, aproximadamente a la misma hora, oí que tocaban a mi puerta. "Papá, ¿estás despierto? Es hora de levantarse para ir a la iglesia." Como no respondí, continuó tocando. "Vamos, papá, necesitamos ir a orar." ¿Qué se le puede decir a un niño de 12 años que tiene esa clase de hambre de Dios? Totalmente avergonzado y humillado, me levanté y nos fuimos a la iglesia.

La Pasión vs. El Hambre
Bienaventurados los que tienen hambre y sed de justicia, porque ellos serán saciados. (Mateo 5:6)

Tan potente como puede ser el hambre para buscar el rostro de Dios, como igual de poderosa resulta ser la pasión. Yo no creo que haya habido alguien en la Biblia tan apasionadamente enamorado de Dios como el rey David. Las palabras que él escogió para describir su amor por Dios sonaban bastante parecidas a las palabras que se leen en las clásicas novelas de amor.

Como el ciervo brama por las corrientes de las aguas, Así clama por ti, oh Dios, el alma mía. Mi alma tiene sed de Dios, del Dios vivo; ¿Cuándo vendré, y me presentaré delante de Dios?   (Salmo 42:1-2)

Hay tanta emoción rebosando del corazón de este hombre que, resulta difícil de creer que otra persona pudiera amar tanto a Dios. Es casi como si él tuviese el estado de ánimo de un "recién convertido", un estado que pasaría con el transcurso del tiempo. Sin embargo, no podemos rechazar la idea de que para el rey David, resultaba casi un pecado no hallarse en la presencia del Señor.

¿Qué podemos, en realidad hacer con su ejemplo de adoración sin vergüenza y su obvia transparencia? ¿Hemos de descartarla como una extrañeza o hemos de aceptar el hecho de que nuestras expresiones de adoración deberían seguir el mismo patrón?

Pasión Espiritual
Permítanme comenzar por exponer a grandes rasgos el significado de la palabra pasión. Pasión es cualquier clase de

sentimiento en que la mente resulte poderosamente afectada o conmovida. Puede ser una emoción vehemente, autoritaria, o dominante. Se cree que es aquel sentimiento que impulsa su mente y voluntad para tomar acción[1]. Si lo exponemos en términos espirituales, la pasión por Dios hace referencia a nuestro deseo, anhelo, celo, afecto, ansia o hambre por las cosas divinas. Entonces, suena muy parecido a los sentimientos que una persona experimenta cuando está profundamente enamorada.

Las malas experiencias que, muchos han tenido con el amor apasionado en el pasado, les han dejado un mal sabor de boca, hasta el punto en que empiezan a racionalizar y buscan un pretexto por la falta de pasión para Dios en sus vidas. Entonces llegan a la conclusión de que, los sentimientos son engañosos y no se puede confiar en ellos. Se entusiasman mucho con proclamar que es mejor confiar en la Biblia porque la Biblia es objetiva, por lo tanto no incluye engaño. Parados sobre su plataforma improvisada, admiten que el mayor mandamiento es este:

Y amarás a Jehová tú Dios de todo tu corazón, y de toda tu alma, y con todas tus fuerzas.
(Deuteronomio 6:5)

No obstante, no irán tan lejos como para incluir pasión con el amor de nuestro Dios, porque eso va en contra de su naturaleza y es el camino más seguro para impedir que se rompan el corazón. Se puede hacer un caso para esta forma de pensar cuando ellos afirman que el amor se trata en realidad, de obediencia y no de un sentimiento, lo cual, por supuesto, pueden probar con las Escrituras.

Si me amáis, guardad mis mandamientos. El que tiene mis mandamientos, y los guarda, ése es el que me ama; y el que me ama, será amado por mi Padre, y yo le amaré, y me manifestaré a él. ...El que me ama, mi palabra guardará; y mi Padre le amará, y vendremos a él, y haremos morada con él.   (Juan 14:15, 21, 23)

No podría expresarse de un modo más simple que este, y el hecho de que fue el Señor Jesucristo mismo quien dijo esas palabras tiene mucho peso. Aún más, una verdad probada por el tiempo parece apoyar este argumento. A los sentimientos correctos siempre les siguen acciones correctas, y si ese no es el caso, la obediencia a la Palabra de Dios siempre desata sentimientos cualquier día.

Lo Que No Es Amor

Tan convincente como pueda ser este argumento, sí tiene una falla. Obediencia sin pasión no es amor. Bordea más la línea de la disciplina o fuerza de voluntad. No se puede apartar la pasión del amor y seguir teniendo amor. Este es un argumento, que puedo hacer, que cerraría el caso para el resto de la eternidad.

Si a cualquier esposa descontenta, se le habla de su triste matrimonio, si es realmente honesta con si misma, va a admitir que hay una cosa que es la raíz de sus problemas. En realidad, si este obstáculo se pudiese superar, entonces se podría soportar cualquier otra cosa de la que careciese el matrimonio. Usted podría preguntarle si hay una falta de provisiones por parte del esposo. ¿Es él un buen proveedor? No, dirá ella, ese no es el problema. ¿Qué hay de ser un buen papá para sus hijos? No, dirá ella, él es muy bueno con los niños. ¿Existe una falta de respeto para usted, o abusa él de usted de alguna manera? No, él hace todas las cosas correctas en todos los momentos correctos. Entonces, ¿qué es lo que falta tanto en su matrimonio que usted se encuentra tan descontenta? Ella, casi siempre, va a admitir que ya no existe pasión en su matrimonio. Ella recuerda la cita romántica durante su época de cortejo. Sus pensamientos vuelven a los días de las notas de amor escritas a mano y de las flores sin ninguna razón en especial. Continuará meditando en los días en que andar de manos era algo extraordinario. Pero ahora no son más que recuerdos distantes, unos que se han retenido cautivos por las obligaciones del matrimonio y la crianza de los hijos. Las posibilidades de que esos días regresen son escasas y casi sin esperanzas.

Una Queja Divina

Si hubiera de haber una queja que el Señor Jesucristo pudiera tener respecto a Sus hijos, sería una muy similar. No puedo decir, con total honestidad, que nos hemos convertido en el vivo retrato de la segunda venida de los hijos de Israel. No obstante, creo que hay algo en nosotros que tiene al Señor anhelando más. No es que no seamos fieles en la asistencia a nuestra iglesia o que no nos esforcemos para pagar nuestros diezmos y ofrendas. Con seguridad, Él entiende que somos solo carne, y que hay ocasiones en que no oramos o estudiamos Su Palabra del modo en que deberíamos hacerlo. Pero, como aquella esposa que añora un esposo romántico y apasionado, el Señor solo nos pide que le sirvamos a Él con el mismo tipo de pasión. Hacer las cosas mecánicamente simplemente no es suficiente. Tiene que ser una demostración sobresaliente y apasionada de amor lo que va a hacer voltear la cabeza de nuestro Padre espiritual.

Me encantaría decir que, la pasión que tengo hoy por Dios, se originó de mi relación con Él, pero no es ese el caso. Mi pasión por las cosas, en general, en realidad comenzó aproximadamente a la edad de nueve años. Como un hijo que crece sin un padre en casa, yo siempre estaba buscando personajes heroicos, especialmente entre aquellos de dentro de la iglesia. Para mí, el adorar a Dios, siempre ha sido el motivo más importante de ir a la iglesia, ya que en aquellos días yo no comprendía los sermones puesto que se predicaban en español. En consecuencia, yo vivía para la porción de adoración de nuestros servicios. Fue entonces, cuando el deseo de aprender a tocar la trompeta encontró un lugar en mi corazón. Dos tíos míos tenían ese maravilloso don, y no puedo contarles cuántas veces me sentí fascinado por su habilidad para tocar aquel instrumento para la gloria de Dios.

Con eso en mente, me matriculé en una clase de música. El mayor obstáculo que tenía que superar era mi desventaja (yo sufrí de polio cuando, a los cinco años de edad, y mis extremidades superiores se atrofiaron), ya que yo no era lo bastante fuerte para presionar los válvulas (de la trompeta) con mi mano derecha. Cuando fui a clase el primer día, y cogí la trompeta con la mano incorrecta, mi instructor no me intentó corregir por miedo a bajar mi entusiasmo. Sabiendo que tenía todo en mi contra, me puse en el carácter de "súper logros" y practiqué y practiqué como loco. En realidad, yo estaba poseído, poseído por la pasión de tener éxito. Para abreviar, el año siguiente, a la edad de 10 años yo fui el mejor trompetista del entero distrito. Cuando se juntaron todas las escuelas para el concierto del distrito, grabamos un álbum en el que tuve la oportunidad de interpretar dos solos. Por decirlo así, yo fui la estrella del espectáculo. Fue en esa etapa de mi vida, que empecé a comprender lo que la pasión podía hacer por alguien que no tenía todas las herramientas para el éxito.

Mi Pasión Por Tener Éxito Continuó

En un capitulo anterior, mencioné, brevemente, el amor que yo tenía por el juego de fútbol. Me gustaría explicar eso un poquito, porque era una de las pocas cosas en mi vida que me apasionaba en extremo. Desde una época muy temprana, tomé la decisión de concentrarme plenamente y dedicar mi vida a algo que me proveyese una buena educación, y si las cosas resultaban, tal vez también una profesión.

No sé si se trataba de una falta de entendimiento o de ser ingenuo, pero en realidad creí que si trabajaba bastante duro sin dejar que nadie me distrajese, yo podría ganar una beca 'División 1' en cualquier universidad de los Estados Unidos. Durante los siguientes cuatro años, no había nada que yo no estuviera dispuesto a hacer para alcanzar esa meta. Mi entrenamiento intenso dio lugar a pasar muchos días a solas y a innumerables momentos solitarios. Con cuatro años de entrenamiento sin interrupción, conseguí mi meta al aceptar una beca completa para jugar por la Universidad Southern California.

Fue allí donde aprendería una lección invalorable sobre cómo un corazón apasionado debería reservarse solamente para el Señor Jesucristo. (Déjenme en estos momentos hacer un paréntesis para hablarle a alguien que está locamente enamorado de otra persona. Tenga cuidado a quién le da usted su corazón, porque si este se le rompe, la recuperación no será tan fácil como usted piensa.) Ahora, permítanme regresar a la historia. Cuando elegí abandonar mi carrera futbolística para servir al Señor, jamás en mi más remota imaginación hubiera pensado que aquella decisión tendría tal impacto emocional en mi vida. Nunca me habían quitado algo de mi vida que yo amase tanto, y eso emocionalmente me destrozó. Comprendí plenamente lo que Dios estaba pidiendo de mí, y sin embargo, la atracción por jugar me controlaba de forma absoluta. Un día estaba seguro de mi decisión, y al día siguiente no lo estaba. Ningún adolescente de la edad de 17 años debería tener que tomar ese tipo de decisiones.

Todavía Fresco en Mi Mente

Lo que estoy a punto de escribir, aconteció hace casi 40 años, y aún lo recuerdo como si hubiera ocurrido ayer. Yo acababa de devolver todo el equipo que me había entregado la Universidad Southern California (USC) y me dirigía a casa, conteniendo mis lágrimas mientras atravesaba el colegio por última vez. Cuando llegué a mi carro, ya no pude contenerme más. Después de un rato, recuperé mi compostura, pero la confusión todavía persistía y me estaba causando verdadero dolor. Yo necesitaba una respuesta de Dios, una que fuese tan clara que no hubiera duda respecto a qué rumbo iba a tomar mi vida desde ese momento en adelante.

Entre el intercambio vial de la Autopista Harbor y la Autopista Santa Mónica, mi respuesta llegó en la forma de una canción titulada, "Lovest Thou Me." (*Me amas*) Debido a que en aquel tiempo yo no era muy diestro en mi conocimiento de las Escrituras, el Señor utilizó una canción para ministrarme. Una frase de la canción volvía a continuar pasando por mi mente una y otra vez. Simplemente hacía la pregunta, "¿Me amas más que a estos?" Aquel día, yo le respondí a Él con la misma letra que se cantaba en la canción, "Oh Precioso Señor, te amo más que a todo esto, más que a la fama, más que a las riquezas, más que al mundo."[2] Inmediatamente, las lágrimas cayeron rodando por mis mejillas, y empecé a hablar en lenguas mientras la gloria de

Dios descendía sobre mí. Desde aquel día en adelante, nunca más dudé de mi decisión.

El Acoso De Satanás Continuó

Hay un punto que me gustaría explicar usando nuestra pasión por otras cosas que no forman parte de nuestro amor por Dios y de las repercusiones. Aunque yo estaba seguro del rumbo que Dios quería que tomase, eso no quería decir que Satanás iba a dejar de importunarme para que reconsiderase mi decisión. Constantemente, el enemigo me recordaba que mi pasión por Dios ni siquiera se acercaba a la pasión que yo había demostrado por mi carrera futbolística. Es bastante indiscutible el hecho de que cuando se vive para Dios se lleva una vida completamente diferente de la que yo estaba acostumbrado a llevar. Las ventajas extra que provenían de una vida privilegiada y que el público siempre tenía en consideración, se extrañaban enormemente, y ser humillado por Dios constantemente me traía de vuelta al anhelo por aquellos días de gloria.

Durante el siguiente par de años, me paraba penosamente frente al espejo cada mañana, preguntándole a Dios cuándo llegaría el tiempo en que le amaría a Él con la misma pasión que había tenido por el fútbol. Esta lucha fue mi constante compañera y llegó a agravarse más cuando continué recibiendo más ofertas de becas de otras escuelas. Todo cuanto podía hacer era ponerme en manos de Dios y orar que con el tiempo y con Su gracia, pudiese cruzar al otro lado.

Mientras escribo esto ahora, resulta de algún modo emocional, porque todavía puedo recordar el día en que mirándome al espejo, supe que yo era diferente. Sin cierto acontecimiento y sin haber una palabra especial de Dios, simplemente supe que mi pasión por Él había inclinado la balanza y yo había llegado al lugar que tanto había anhelado desde que inicialmente le entregué a Él mi corazón.

El Secreto Mejor Guardado

Aquí es donde el beneficio de un hambre apasionada entra en juego. Cuando la mayoría de la gente inquiere respecto a cómo me inicié en un ministerio de señales y milagros, quedan de alguna manera impactados cuando les cuento que nunca pedí que los dones fluyeran tan libremente en mi vida. El secreto de una unción simplemente envuelta no se encuentra suplicando Sus dones, sino más bien utilizando el tiempo en Su presencia para buscar Su rostro. Hasta este día, en todo cuanto he experimentado con Él, nada se compara con pasar tiempo a los pies del Maestro. Yo intento, tan a menudo como puedo, expresar esto a mi Señor cuando entro en Su presencia en oración. Yo le digo, "Señor, Tú sabes que el tiempo que pasamos juntos va a ser más importante que cualquier otra cosa que yo pueda hacer por Ti en este día." Tal vez sencillo y simple, pero siempre se verbaliza con un hambre apasionada. Las palabras que David escribió en el Salmo 42 están mucho más claras para mí ahora por cuanto he vivido estos años para Cristo. Realmente, yo sí entiendo qué cosa se siente de, "¿cuándo he de venir y presentarme delante de Dios?" Con hambre y pasión busco Su rostro. ¿Es así como se acerca al trono de Dios?

Bienaventurados los que tienen hambre y sed de justicia, porque ellos serán saciados.   (Mateo 5:6)

Notas Finales
1. Webster's Dictionary, passion
2. Bill Gaither

Capítulo 8
Distraído De Su Destino

prosigo a la meta, al premio del supremo llamamiento de Dios en Cristo Jesús. (Filipenses 3:14)

¡¡¡**D**istracciones, Distracciones, Distracciones!!! ¿No sería el mundo un lugar mejor sin estas? Si su atención ha sido captada o dirigida a diferentes objetos o en distintas direcciones al mismo tiempo, entonces, usted, amigo mío, se ha distraído.

¿Alguna vez ha manejado usted por la autopista, buscando una particular salida, en un área que no le era familiar? Usted va con retraso y no tiene tiempo para perder la salida. Usted está seguro, por las indicaciones que le han dado, que se encuentra muy cerca de su lugar de destino. De repente, como de la nada, una piedra rebota de un camión de delante de usted y llega volando a su parabrisas. Lo repentino del impacto distrae su concentración. A pesar de que ha sido por un momento breve, ha durado el tiempo suficiente como para permitir que usted se pase la salida. Cuando usted finalmente se tranquiliza, creyendo que no se ha hecho daño, continúa adelante pero nunca encuentra aquella salida, y eso le frustra infinitamente.

Las Distracciones Son Parte De La Vida
Distraerse hacia diferentes direcciones al mismo tiempo ocurre más veces de lo que nos gustaría creer. ¿Por qué es que cuando hay que cumplir un plazo se arma un desorden? Ahí

está usted, tratando de terminar ese proyecto a tiempo, pero parece que el mundo entero está en su contra. El teléfono empieza a sonar sin parar. La computadora decide averiarse y todo en lo que usted ha estado trabajando, se ha perdido. A la misma vez, su hija adolescente entra en la habitación como si tal cosa, suplicando más dinero porque lo que le ha dado no es suficiente para comprar ese vestido para la graduación. Si eso no es bastante, su suegra, con quien no se lleva bien a causa de sus quejas incesantes, decide visitarle, trayendo a su hijo esquizofrénico consigo. Su perro, sin adiestrar, entra en la escena, saltando sobre el escritorio y haciendo trizas todo lo que hay encima. Luego, le deja su firma con un charco de pipí empapando su trabajo. Encima de todo eso, el eczema, que usted pensó que tenía bajo control, empieza a darle guerra y la picazón se le hace insoportable. Así es exactamente cómo Satanás obra en nuestras vidas.

Sea que nos demos cuenta o no, distraernos alejándonos de Dios es el objetivo principal de Satanás cuando trata con nosotros. No tiene por qué ser de proporciones sísmicas, pero si puede golpearnos lo suficiente como para sacarnos fuera de la línea, sería lo suficiente para que nunca realicemos nuestro destino. Se nos echará fuera de la perfecta voluntad de Dios, a la permisiva voluntad de Dios, para eventualmente quedar fuera de la voluntad de Dios. Hay muchos cristianos hoy que nunca han recibido lo que Dios tiene que ofrecer, simplemente porque por un breve momento se han distraído.

Dónde Concentrar Nuestras Energías

Cuando el apóstol Pablo nos amonesta a extendernos hacia la meta, es imperativo hacerlo así cuando buscamos a Dios. Debemos llegar a ser perseverantes, impulsando nuestro camino hacia el cielo sin rendirnos ante las distracciones, empujándonos hacia delante con una disposición sin ceder con un solo pensar.

Hermanos, yo mismo no pretendo haberlo ya alcanzado; **pero una cosa hago:** *olvidando* *ciertamente lo que queda atrás, y extendiéndome a lo que está delante* *(Filipenses 3:13)*

Nuestro enfoque es querer abarcarlo todo, uno que agota cada gramo de nuestras fibras para concentrarnos solamente en nuestro destino. Eso implica tener un buen "olvidador." Un buen "olvidador" no solo olvida lo malo, sino también lo bueno. Algunas veces se necesita más energía para olvidar lo bueno, así que no podemos dormirnos en los laureles. Al buscar la voluntad de Dios en nuestras vidas, sería sabio considerar este planteamiento:

No me des pobreza ni riquezas; Manténme del pan necesario; No sea que me sacie, y te niegue, y diga: ¿Quién es Jehová? O que siendo pobre, hurte, Y blasfeme el nombre de mi Dios.
(Proverbios 30:8-9)

A fin de concentrar todas nuestras energías en el Señor, debemos considerar una unción simplemente envuelta. Estamos hablando sobre una unción que va a deferir toda nuestra atención de nosotros, hacia uno que merece toda esa atención, nuestro Señor Jesucristo.

¿Qué es posible ganar con tal esfuerzo? ¡El cielo, por supuesto! Con nuestras prioridades ordenadas, podemos recibir nuestro galardón. Ese es el llamamiento más elevado de Dios que un cristiano pudiera recibir jamás, nuestro lugar de descanso final. Ya no habrá más muerte, no habrá más enfermedad ni dolor, y lo mejor de todo, Jesús va a estar allí. ¡Ya no habrá más distracciones, tan solo estará Jesús!

sino haceos tesoros en el cielo, donde ni la polilla ni el orín corrompen, y donde ladrones no minan ni hurtan. Porque donde esté vuestro tesoro, allí estará también vuestro corazón. *(Mateo 6:20-21)*

Las Vírgenes Imprudentes

Las distracciones fue lo que puso a las vírgenes imprudentes (Mateo 25:1-13) en problemas, porque nunca tomaron en serio su tarea. Se les había dado una única y sola responsabilidad, y esa era la de mantener sus lámparas con bastante aceite.

Las insensatas, tomando sus lámparas, no tomaron consigo aceite   *(Mateo 25:3)*

En algún momento concreto, se distrajeron y se demoraron en mantener sus lámparas a plena operatividad. Las Escrituras nunca nos han contado de qué se trató exactamente, pero la atención de ellas se dirigió a otro lugar y fueron negligentes con su deber más importante.

El aceite (un tipo de unción) se tomó en vano y no se tomaron las medidas para surtirse de provisiones. Tener suficiente aceite para exhibición era bastante. No estaban dispuestas a hacer un esfuerzo, cargando por todos lados un peso extra que no era en sí necesario. No había una necesidad real de ir a los extremos.

Es asombroso como cuando no estamos preparados, viene a suceder aquello para lo que no nos hemos preparado. Debido a que viajamos tanto, siempre le pido a mi esposa que empaque ropa extra. Ya sea esta la razón de un clima inesperado o ya sea el hecho de que a veces los pastores extienden nuestra estadía para continuar con la campaña, nosotros siempre intentamos estar preparados. No sabe usted cuántas veces nos ha salvado eso.

Por otro lado, nuestra dependencia de nuestra eficiencia puede ser para nosotros causa de distracción también. Mi horario cambia constantemente, por la razón de que siempre estamos en camino. Sabiendo esto, siempre aseguro tiempo para la oración dentro de mi día. Cuando ese tiempo se va a cancelar por un cambio de horario del que no estoy enterado, el Señor intenta despertarme un par de horas más temprano para llegar a tiempo. Digo "intenta", porque hay ocasiones en que no me levanto, sabiendo que he apartado otra hora para ese propósito. Como las vírgenes imprudentes, yo razono con Dios de no hay motivo para ir a los extremos.

Un Error Imprudente

Es en este punto de nuestras vidas cristianas que nuestro caminar con Dios va en paralelo con aquel de las vírgenes imprudentes. Sacando una página de la iglesia de Laodicea, ellos caminaron con tibieza, haciendo ostentación, de una forma descarada, de su mundanalidad sin pudor. "Nadie me va a decir lo que tengo que hacer, hago lo que quiero" era el lema del día.

> *Y a la medianoche se oyó un clamor: ¡Aquí viene el esposo; salid a recibirle! Entonces todas aquellas vírgenes se levantaron, y arreglaron sus lámparas. Y las insensatas dijeron a las prudentes: Dadnos de vuestro aceite; porque nuestras lámparas se apagan. Mas las prudentes respondieron diciendo: Para que no nos falte a nosotras y a vosotras, id más bien a los que venden, y comprad para vosotras mismas. Pero mientras ellas iban a comprar, vino el esposo; y las que estaban preparadas entraron con él a las bodas; y se cerró la puerta. Después vinieron también las otras vírgenes, diciendo: ¡Señor, señor, ábrenos! Mas él, respondiendo, dijo: De cierto os digo, que no os conozco.* (Mateo 25:6-12)

Cuando el novio finalmente llegó, ellas no estaban preparadas. Como se fueron corriendo para comprar más aceite, se demoró su reunión con el novio y en consecuencia fueron rechazadas. Se distrajeron solo un momento, lo cual después demoró el encuentro más grande de sus vidas, que a su vez las dejó sin nada.

Distracciones Superficiales

Las cosas superficiales que usamos en la vida para distraernos parecen ser las que más daño causan. La historia de Acán del Antiguo Testamento con seguridad da testimonio de ese hecho. Cuando el ejército de Israel destruyó la ciudad de Jericó, Acán, uno de sus guerreros, se distrajo por el brillo y el atractivo del botín. Su corazón empezó a codiciar esas riquezas tanto que él tenía que tenerlas para sí. Tomó la decisión de hurtarlas y luego esconderlas para que nadie lo supiera.

Es asombroso pensar cuánta gente cree que se puede esconder de Dios. Adán, en el jardín de Edén, fue el primero en hacer ese intento imprudente. Él intentó cubrir literalmente su pecado por medio de usar hojas para esconder su cuerpo desnudo. Cuando eso no funcionó, se vio obligado a enfrentarlo, no dejando a Dios otra opción que juzgarlo. Adán se enteraría de primera mano cuán duro podía ser el juicio de Dios. Él, no solo acabó perdiéndose el vivir en un mundo perfecto, más importante aún es que perdió aquella relación especial que tenía con Dios.

Ahora, regresemos a Acán. La distracción no le permitió a él pensar rectamente, así que enterró lo robado, creyendo que con el tiempo el problema desaparecería. De lo que no se dio cuenta es que, este hurto trajo una maldición sobre todo Israel. Fue su acto egoísta lo que causó las 36 muertes de sus compatriotas.

> *Entonces Josué dijo a Acán: Hijo mío, da gloria a Jehová el Dios de Israel, y dale alabanza, y declárame ahora lo que has hecho; no me lo encubras.* *(Josué 7:19)*

Acán descubrió qué adorar a Dios con una conciencia limpia le resultaba una imposibilidad. El pecado siempre va a separarle a usted del Señor con una incapacidad para adorar.

> *Dad a Jehová la gloria debida a su nombre; Adorad a Jehová en la hermosura de la santidad.* *(Salmos 29:2)*

Acán supo que no había nada de santo en su fraude, de ese modo no podía dar a Dios la gloria. Confesar su mal era la única cosa valiente que había de hacerse. Él, entonces, fue juzgado y sacado de la ciudad con su familia para ser apedreado, pagando un precio mayor que las riquezas que había hurtado. No solo el destino de él tuvo un corto circuito, también lo tuvo su familia.

El Hambre de Esaú lo Mató

El atractivo de Acán con las riquezas puede no haber sido una cosa tan leve a los ojos de usted, pero, ¿qué hay de ceder un derecho de primogenitura por comida? Esaú se halló distraído a causa de su hambre. El hecho de que él estuviera en el campo todo el día cazando y que estuviera muerto de cansancio fue un factor importante que influyó para que tomase una mala decisión. Que nuestros puntos más débiles sean atacados viene a ser un camino con éxito seguro para que Satanás se aproveche de nosotros. Pero, ¿en qué estaba él pensando? Él estaba renunciando a bastante más de lo que estaba recibiendo de vuelta. Su derecho de primogenitura valía una doble porción de bendición, él habría llegado a ser el cabeza de familia, pero aún más importante es que era la bendición que le colocaba a él en una cercana relación con Jehová[1]. No obstante, él la despreció, no tenía valor en los ojos de él.

> *dijo a Jacob: Te ruego que me des a comer de ese guiso rojo, pues estoy muy cansado. Por tanto fue llamado su nombre Edom. Y Jacob respondió: Véndeme en este día tu primogenitura. Entonces dijo Esaú: He aquí yo me voy a morir; ¿para qué, pues, me servirá la primogenitura Entonces Jacob dio a Esaú pan y del guisado de las lentejas; y él comió y bebió, y se levantó y se fue. Así menospreció Esaú la primogenitura.* (Genesis 25:30-32, 34)

Cuando El Cansancio Nos Distrae

Cuando el cansancio nos distrae, nosotros damos poca importancia a nuestra salvación, porque nuestra hambre nos conduce en otra dirección. Incluso si esa otra dirección no está considerada como un pecado evidente, se encuentra lo bastante lejos de la voluntad de Dios como para sacarnos del camino con un golpe. El tiempo que pasamos en Su presencia es entonces suspendido temporalmente, demorando Su gloria en nuestras vidas. Nuestro destino es, entonces, redirigido y nos encontramos conformándonos con el plan B.

El tiempo para Dios lo es todo. Por esa misma razón Satanás trabaja horas extras, desencadenando demoras de todo tipo. Ya sean éstas circunstancias incontrolables, la prolongación de un periodo de espera, o simplemente Satanás siendo Satanás, todas ellas salen de su sombrero de trucos. Los momentos de indecisión pueden desviar de un golpe el tiempo fuera de la voluntad de Dios. Las circunstancias que no se controlan juegan una parte importante en las demoras también. Satanás, el maestro de las demoras, es muchas veces directamente responsable por el desorden.

Nuestra sensibilidad hacia Dios mediante Su unción llega a ser nuestro manto de seguridad. ¿Cómo es eso? Estar a tono con Dios siempre ensombrece las distracciones y las demoras. Un hijo de Dios que siempre está orando es la peor pesadilla de Satanás.

La oración eficaz del justo puede mucho.
(Santiago 5:16)

El Profeta Sin Nombre

Si solo hubiera comprendido la lección el hombre de Dios que encontramos en 1 Reyes 13:1-32. Por ninguna razón en particular, las Escrituras no mencionan su nombre. Todo lo que sabemos de él es que fue un profeta usado poderosamente por Dios. Él llegó a Betel, denunciando sacrificios ilegales como el que el rey Jeroboam estaba a punto de ofrecer. Profetizó la muerte del rey y la destrucción del altar. Cuando el rey intentó que le prendiesen, su mano se paralizó al mismo tiempo que el altar se partió por la mitad, así que el rey suplicó por misericordia. Después de que el profeta sanó la mano de Jeroboam, el rey le hizo una invitación para regresar al palacio y recompensarle. El profeta rehusó por esta razón:

Pero el varón de Dios dijo al rey: Aunque me dieras la mitad de tu casa, no iría contigo, ni comería pan ni bebería agua en este lugar. Porque así me está ordenado por palabra de Jehová, diciendo: No comas pan, ni bebas agua, ni regreses por el camino que fueres. Regresó, pues, por otro camino, y no volvió por el camino por donde había venido a Bet-el.
(1 Reyes 13:8-10)

A diferencia de Acán, este hombre no se distrajo fácilmente. Él estaba en una misión, comprendía su propósito, y obedientemente la llevó a cabo. Pero una cosa extraña ocurrió de camino a su casa. Inesperadamente, fue encontrado por otro profeta que le hizo una invitación similar para que morase en su casa. Entonces, en cierto modo, fue distraído por ese profeta de más edad, quizás fue precedido por su reputación, no lo sabemos en realidad, la Escritura realmente nunca lo dice.

Y el otro le dijo, mintiéndole: Yo también soy profeta como tú, y un ángel me ha hablado por palabra de Jehová, diciendo: Tráele contigo a tu casa, para que coma pan y beba agua. (1 Reyes 13:18)

Una Decisión Lamentable

Sin consultar con Dios, él aceptó la palabra del profeta y pasó la noche en Betel. En la mesa del comedor, el Señor le habló al profeta de más edad, quien, entonces, pronunció juicio sobre el desobediente hombre de Dios.

Y aconteció que estando ellos en la mesa, vino palabra de Jehová al profeta que le había hecho volver. Y clamó al varón de Dios que había venido de Judá, diciendo: Así dijo Jehová: Por cuanto has sido rebelde al mandato de Jehová, y no guardaste el mandamiento que Jehová tu Dios te había prescrito, sino que volviste, y comiste pan y bebiste agua en el lugar donde Jehová te había dicho que no comieses pan ni bebieses agua, no entrará tu cuerpo en el sepulcro de tus padres.   (1 Reyes 13:20-22)

De camino a casa, un león encontró al hombre de Dios y lo mató, sin que nunca cumpliera su destino.

No parece justo que un hombre pudiera ser juzgado cuando le habían mentido. El engaño y la falta de honestidad no es lo que cabe esperar, sin embargo fueron permitidos para derribar a este inocente hombre de Dios.

Porque éstos son falsos apóstoles, obreros fraudulentos, que se disfrazan como apóstoles de Cristo. Y no es maravilla, porque el mismo Satanás se disfraza como ángel de luz. Así que, no es extraño si también sus ministros se disfrazan como ministros de justicia; cuyo fin será conforme a sus obras.
(2 Corintios 11:13-15)

No deberíamos estar tan sorprendidos de este nivel de engaño. Esa es la misma táctica que Satanás ha empleado desde el principio de los tiempos. Es nuestra responsabilidad asegurarnos de que lo que estamos recibiendo del cielo verdaderamente procede de Dios.

Amados, no creáis a todo espíritu, sino probad los espíritus si son de Dios; porque muchos falsos profetas han salido por el mundo.   (1 Juan 4:1)

El testimonio de este profeta acabó con un extraño giro. Nunca llegamos a saber su nombre.

Una Experiencia Desconcertante

En mis primeros años de evangelizar, el Señor trajo a alguien a mi camino que tendría un gran impacto en mi vida. Yo había estado predicando un avivamiento por un par de días en cierta iglesia cuando tropecé con algo que nunca había experimentado. Mientras estaba trabajando en el altar una noche, caminando de un lado al otro, cuanto más me acercaba a cierto hombre, tanto más empezaba a tener náuseas por la pestilencia que emanaba de él. Jamás había olido algo tan repulsivo. Llegué al punto de que si me acercaba un poco más, me temía que iba a vomitar en aquel preciso instante.

A medida que empecé a retirarme, el Señor me habló y me aseguró que no se trataba de lo que yo pensaba. Por supuesto, no podía encontrar ni pies ni cabeza a la situación, así que el Señor necesitaba darme Su explicación sin rodeos. Él dijo, "Si lo que estás oliendo es tan malo, entonces, ¿por qué no está dando náuseas también la gente que está a su alrededor?" Paré a pensar en lo que Él acababa de decir y me di cuenta de que había más envuelto en esa situación de lo que yo originalmente pensaba. En realidad, yo era el único que podía oler lo que yo olía. No era un problema físico el que causaba mi confusión; era uno que se originaba del ámbito espiritual. Había una marca divina colocada sobre la vida de este hombre lo que le separaba del resto de los hijos de Dios. En cierto modo, era la manera de Dios de mostrarme que incluso si yo había de orar por él, nada iba a ocurrir, porque Dios ya le había juzgado. Fue solo después del servicio que comprendí el porqué.

Poco después de que el servicio terminase, recibí una nota para encontrarme con ese hombre en privado. Encontramos un salón de la escuela dominical vacío donde conversamos. Él empezó la conversación, admirando mi ministerio y animándome a crecer en la gracia de Dios. Fue entonces que él reveló una historia que jamás olvidaré.

Dios Me Envía Una Advertencia

Él dijo, "Yo, también, fui en una ocasión un evangelista con un ministerio de señales y milagros. Fue increíble lo que Dios había hecho mediante Su unción y nunca ha cesado de asombrarme. Ocurrió tan rápidamente que no dejaba de darme vueltas la cabeza. Como sube una estrella al cielo, mi ministerio creció de no ser nada a ser el más requerido predicador de nuestra organización. Mi calendario de trabajo estaba lleno con meses y meses de anticipación. Las ofrendas que recibía eran suficientes para vivir de ellas de un modo muy confortable. Cuanto más me dedicaba a Él, tanto más respondía Él con milagros espectaculares. Empecé a sobre extenderme, porque me gustaba la atención y el dinero. Poco a poco, todo ello empezó a alcanzarme y comencé a dejar a un lado mi vida de oración. La razón de por qué yo estaba dispuesto a hacer aquello era porque los dones del Espíritu que Dios me había dado habían llegado a un lugar de perfección. (Cuando eso sucede en la vida de un hijo de Dios, este puede producir milagros sin una pizca de oración). De lo que yo no me di cuenta, fue de esto. Aunque yo estaba trabajando de forma tan poderosa como lo había hecho en el pasado, sin oración yo no podía discernir espíritus engañadores. "

> *Pero el Espíritu dice claramente que en los postreros tiempos algunos apostatarán de la fe, escuchando a espíritus engañadores y a doctrinas de demonios;*
> *(1 Timoteo 4:1)*

"Fue en ese punto en que bajé la guardia y fui seducido a una aventura, en realidad fue solo una noche. De una noche de indiscreción, contraje SIDA y ahora me estoy muriendo."

Fue entonces que me di cuenta por qué el Señor no le había sanado cuando yo oré. Es triste decir, que el juicio de Dios había caído sobre él, y semejante al profeta que había sido burlado, él, también, cayó en esa categoría. Eso no quiere decir que él no había sido perdonado de su pecado. No obstante, su cuerpo había de ser destruido para que su alma pudiese ser salvada.

> *En el nombre de nuestro Señor Jesucristo, reunidos vosotros y mi espíritu, con el poder de nuestro Señor Jesucristo, el tal sea entregado a Satanás para destrucción de la carne, a fin de que el espíritu sea salvo en el día del Señor Jesús.*
> *(1 Corintios 5:4-5)*

Averigüé poco tiempo después, que él había muerto. Había sido una muerte bastante más temprano de lo que Dios había planeado para su vida. Su destino fue desviado por las distracciones, distracciones que eventualmente lo destruyeron.

¿Dónde está su enfoque? ¿Está usted completamente dedicado y consagrado al Señor Jesucristo? ¿Está usted con entusiasmo consagrado hasta el punto que todo el mundo que usted conoce estaría de acuerdo? ¿Su compromiso con Cristo raya en el borde del fanatismo? Si no es así, necesitamos mirar de nuevo las palabras del apóstol respecto a dónde deberían concentrarse nuestras energías.

Hermanos, yo mismo no pretendo haberlo ya alcanzado; **pero una cosa hago:** *olvidando ciertamente lo que queda atrás, y extendiéndome a lo que está delante,* **prosigo a la meta***, al premio del supremo llamamiento de Dios en Cristo Jesús.*
(Filipenses 3:13-14)

Alcanzando El Final De La Carrera

Aquí es donde nuestras energías deberían centrarse, en alcanzar el final de la carrera. Debería hacerse con un esfuerzo que nos cause tensión (es decir, ir más allá de lo usual, aceptado, o del propio límite o norma). Prosiguiendo, prosiguiendo, y prosiguiendo algo más hasta que alcancemos la marca del alto llamado de Dios. No permita que las distracciones de este mundo, sean las que, lo saquen de un golpe del camino correcto. Su destino vale muchísimo más que eso.

Notas Finales

[1.] International Standard Bible Encyclopedia, Birthright (primogenitura)

Capítulo 9

No Durante Mi Guardia

Y les envié mensajeros, diciendo: Yo hago una gran obra, y no puedo ir; porque cesaría la obra, dejándola yo para ir a vosotros. (Nehemias 6:3)

En una escala del 1 al 10, ¿cuán aburrido podría ser el trabajo de un atalaya? ¡Piense en ello por un momento! Aquí está él, un hombre caminando de un lado a otro de la torre alta del muro de la ciudad o sobre una desolada ladera. Él va de aquí para allá, caminando sobre los mismos pasos una y otra vez. Su mayor desafío en la vida es pelear una guerra contra el aburrimiento, sin embargo su trabajo fue uno de los más importantes del campamento de Israel. Su principal responsabilidad era impedir cualquier ataque por sorpresa del enemigo. Sabiendo que él era la primera línea de defensa, con valentía salvaguardaba las vidas de la ciudad entera. Tenía que ser un hombre apasionado para aceptar este tipo de trabajo, porque solo un hombre con pasión podía tomar este trabajo con seriedad.

Él, básicamente, trabajaba solitariamente la mayoría del tiempo, y indisputablemente, su tiempo no podía desperdiciarse con soñar despierto. En su soledad, este hombre tenía que concentrarse por entero en el terreno de afuera de los muros sin ser distraído por la monotonía de su puesto. Él tenía un gran punto de ventaja para ver donde otros no podían ver, y su vista desde lo alto de la torre le permitía ver a gran distancia los problemas que viniesen en dirección contraria. Finalmente, una negligencia de parte del atalaya podría significar solo una cosa: pérdida de vidas. Si él no hacía su trabajo y lo hacía bien, los enemigos de Israel fácilmente tomarían la ciudad.

Responsabilidades De Un Atalaya Espiritual

Nosotros, como cuerpo de Cristo, debemos tener esa misma mentalidad del atalaya. La responsabilidad de mantener a la iglesia dentro de la voluntad de Dios debería recaer sobre todos nosotros, sin importar la posición ni la estatura. Únicamente una verdadera unción nos ayudará a cumplir con esta asignación. Esta imagen de abajo debería ser suficiente motivación para cumplir con las órdenes de Dios.

A ti, pues, hijo de hombre, te he puesto por atalaya a la casa de Israel, y oirás la palabra de mi boca, y los amonestarás de mi parte. Cuando yo dijere al impío: Impío, de cierto morirás; si tú no hablares para que se guarde el impío de su camino, el impío morirá por su pecado, pero su sangre yo la demandaré de tu mano. Y si tú avisares al impío de su camino para que se aparte de él, y él no se apartare de su camino, él morirá por su pecado, pero tú libraste tu vida.
(Ezequiel 33:7-9)

Nuestros ojos espirituales deben estar en la primera línea de defensa, discerniendo con nuestro espíritu los ataques del enemigo. Nunca podemos perder nuestra pasión por defender la verdad. Es la misma verdad por la que nuestros antepasados lucharon y murieron, asegurándose de que no pereciera bajo presión sino que continuara adelante en su pureza para la siguiente generación. Ellos entendieron que la verdad los haría libres, y en consecuencia, estuvieron dispuestos a dar su vida por ella.

Si vosotros permaneciereis en mi palabra, seréis verdaderamente mis discípulos; y conoceréis la verdad, y la verdad os hará libres. (Juan 8:31-32)

Debemos decidirnos a defender nuestra posición, venga lo que venga. Hay una generación que viene después de nosotros que va a necesitar una unción poderosa para cumplir con Su voluntad, de este modo proteger esta verdad ungida debería ser nuestra prioridad número uno. Es de vital importancia aceptar que estamos haciendo un gran trabajo. Nuestros esfuerzos no deben verse reducidos por una presión desde fuera. No podemos venirnos abajo y rebajarnos para complacer a otros. Más aún, debemos continuar luchando, continuar orando, y continuar liberando una unción no adulterada que no solo quebrará el yugo, sino que hará polvo el ataque del enemigo hacía la verdad. Somos atalayas espirituales que Dios ha llamado para hacer su obra y no vamos a fallar, ¡NO DURANTE NUESTRO GUARDIA!!

La Preocupación De Nehemías Por Jerusalén

Nehemías tuvo que tomar una posición firme cuando se dio cuenta de que la ciudad de Jerusalén estaba sumida en el caos. En su angustia tras oír cómo su país había sido destruido por fuego, se humilló a sí mismo completamente delante del Señor y comenzó una consagración de un periodo de cuatro meses. En esta etapa, el único modo que él conocía de buscar el rostro de Dios para remediar la situación era por medio de la oración y el ayuno. Note que este periodo de santificación se extendió hasta que el Señor estuvo listo para lanzarlo, ungido por completo para la tarea.

> *Cuando oí estas palabras me senté y lloré, e hice duelo por algunos días, y ayuné y oré delante del Dios de los cielos. Y dije: Te ruego, oh Jehová, Dios de los cielos, fuerte, grande y temible, que guarda el pacto y la misericordia a los que le aman y guardan sus mandamientos; esté ahora atento tu oído y abiertos tus ojos para oír la oración de tu siervo, que hago ahora delante de ti día y noche, por los hijos de Israel tus siervos; y confieso los pecados de los hijos de Israel que hemos cometido contra ti; sí, yo y la casa de mi padre hemos pecado.* (Nehemías 1: 4-6)

Como usted puede ver del pasaje de las Escrituras arriba mencionado, Nehemías lloró amargamente por su nación y por la intervención de Dios. Sus oraciones ante el trono de Jehová fueron implacables y sus intercesiones continuaron noche y día. Su espíritu vigilante le permitió perseverar cuando el resto de todos sus compatriotas habían renunciado. Su oración fue contestada al final y el rey Artajerjes le otorgó permiso para regresar a Jerusalén y reconstruir los muros. La primera tarea en importancia sería la de convencer al resto de la necesidad de reconstruir los muros.

Les dije, pues: Vosotros veis el mal en que estamos, que Jerusalén está desierta, y sus puertas consumidas por el fuego; venid, y edifiquemos el muro de Jerusalén, y no estemos más en oprobio. Entonces les declaré cómo la mano de mi Dios había sido buena sobre mí, y asimismo las palabras que el rey me había dicho. Y dijeron: Levantémonos y edifiquemos. Así esforzaron sus manos para bien.
(Nehemías 2:17-18)

Tiempo De Lucha

Fue en este punto en que la intensa oposición comenzó. En cualquier momento que usted se decida en hacer una gran obra de Dios, va a encontrar una resistencia rotunda, con la reacción de un antagonismo en curso que producirá una hostilidad imperturbable y unida para destruir sus esfuerzos. Eso es exactamente lo que Nehemías encontró cuando las noticias se esparcieron que los muros de Jerusalén iban a ser reconstruidos.

Hay un dicho que dice, que "las desgracias no vienen solas,"(en inglés: *Disasters come in three*) y en el caso de Nehemías lo mismo fue verdad de los tres secuaces, Sanbalat, Tobías y Gesem. Tomaron su papel en el arte del conflicto, infligiendo la primera fase de la controversia por medio de usar la burla, el ridículo, y la intimidación. El problema con esta forma de discordia era que Nehemías estaba totalmente convencido de que la mano de Dios estaba sobre él. Él pudo sacudirse la oposición sin mover una pestaña, y debido a que Dios le había dado el encargo de vigilar ese proyecto, nada salvo la victoria iba él a aceptar durante su guardia.

El juego se intensificó, porque ese es el modus operandi (modo de proceder) de Satanás; él nunca se rinde sin luchar. Ellos vieron que la moral estaba baja, así que hubo un complot malvado para atacar a Jerusalén y causar confusión entre los edificadores. El plan era dividir y conquistar.

Y dijo Judá: Las fuerzas de los acarreadores se han debilitado, y el escombro es mucho, y no podemos edificar el muro. Y nuestros enemigos dijeron: No sepan, ni vean, hasta que entremos en medio de ellos y los matemos, y hagamos cesar la obra. Pero sucedió que cuando venían los judíos que habitaban entre ellos, nos decían hasta diez veces: De todos los lugares de donde volviereis, ellos caerán sobre vosotros. (Nehemías 4:10-12)

Nehemías tomó represarías con oración. Él estableció una guardia ininterrumpida contra ellos. Vigilar y orar, vigilar y orar, son una combinación verdaderamente invencible. Creo que el apóstol Pablo pudo identificarse con la carga pesada de Nehemías. La circunstancia de conflicto de Nehemías le colocó en una situación similar a la de Pablo cuando estuvo encarcelado; él rogó apasionadamente por todos los santos.

Orando en todo tiempo con toda oración y súplica en el Espíritu, y velando en ello con toda perseverancia y súplica por todos los santos; y por mí, a fin de que al abrir mi boca me sea dada palabra para dar a conocer con denuedo el misterio del evangelio, por el cual soy embajador en cadenas; que con denuedo hable de él, como debo hablar. (Efesios 6:18-20)

Cuando Es Fuera de mi Capacidad

Nehemías se encontró en un dilema que iba mas allá de sus habilidades. Era copero de oficio, no un albañil que labra la piedra, así que los detalles de la construcción estaban más allá de su comprensión. Fue por esta carencia de conocimientos que él buscó al Señor por una revelación. Esto es lo que este hombre ungido de Dios recibió en oración.

Desde aquel día la mitad de mis siervos trabajaba en la obra, y la otra mitad tenía lanzas, escudos, arcos y corazas; y detrás de ellos estaban los jefes de toda la casa de Judá. Los que edificaban en el muro, los que acarreaban, y los que cargaban, con una mano trabajaban en la obra, y en la otra tenían la espada. Porque los que edificaban, cada uno tenía su espada ceñida a sus lomos, y así edificaban; y el que tocaba la trompeta estaba junto a mí. Y dije a los nobles, y a los oficiales y al resto del pueblo: La obra es grande y extensa, y nosotros estamos apartados en el muro, lejos unos de otros. En el lugar donde oyereis el sonido de la trompeta, reuníos allí con nosotros; nuestro Dios peleará por nosotros.

(Nehemías 4:16-20)

Esta simple estrategia orquestada con un poco de "rodillología" confundió a la oposición y ellos se retiraron en derrota de forma pacífica. Había una cosa en la que los enemigos de Jerusalén pudieron concordar, y esa fue que un hombre ungido de Dios, Nehemías, fue la clave para el éxito de Jerusalén.

Yo puedo, ciertamente, identificarme con Nehemías en que he enfrentado situaciones donde pude verdaderamente decir, "yo estaba fuera de mi capacidad." Caminar en la fe es dejar que el control de la situación siempre lo cedamos al Señor, lo cual ocasiona algunas bonitas experiencias que hacen que a uno se le pare el cabello (aunque yo esté calvo).

Una Petición Que Me Molestó

Yo no podía creer lo que estaba oyendo cuando el Señor me pidió que cambiara mis energías a los ministerios en español. Yo, no solo no sabía hablar el idioma, sino que, como hispano de tercera generación, tenía una actitud contra mis hermanos español-parlantes. Esta extrema antipatía podía fácilmente compararse al odio que encontramos entre judíos y árabes. Ellos son medio-hermanos, y sin embargo no se soportan. Mi desdén por ellos (español-parlantes) procedía de la burla que yo recibí de gente de habla inglesa. Ellos agrupaban a los mexicanos nacidos en Estados Unidos con los hispanos que no hablaban inglés, y eso solía volverme loco. Crecí más "gringo" que algunos angloamericanos. Puede que haya tenido la piel morena por fuera, pero definitivamente encajaba con la definición de "coco" (moreno por fuera y blanco por dentro) y estaba orgulloso de ello.

Dicho eso, cuando quedó clara mi nueva tarea de ministrar para la comunidad hispana, me quedé completamente desconcertado. La idea siguió moviéndose como un remolino por mi cabeza, "¿Cómo podía Dios ser tan cruel?" El único modo en que yo podía tratar con esta supuesta injusticia, era humillándome a mí mismo y orando. El asunto no se puso más fácil cuando, intentando hablar español, masacraba completamente el idioma. Las burlas, las guasas, y las carcajadas eran despiadadas, sin embargo, a pesar de eso, yo tenía que seguir adelante penosamente.

Fue esta lección de humildad la que me puso de rodillas en una temporada de oraciones y ayunos como nunca he conocido otra. Con la constante necesidad de la ayuda del Maestro, me aferré a Él desesperadamente. Descubrí mucho más tarde que ese periodo de quebrantamiento de mi vida fue usado para fortificar mi carácter.

Dios pudo quebrantarme de mis malas actitudes y al mismo tiempo darme amor por mi pueblo; uno que nunca pensé que fuese posible.

La Mentalidad De Atalaya De Nehemías

El valor y la resolución de Nehemías era más de lo que sus enemigos podían aceptar, de ese modo un complot por asesinarlo se puso en marcha. Llegaron a la conclusión de que si él tan solo bajase a razonar con ellos, eso les concedería una mejor oportunidad para matarle. El error en esta línea de razonamiento era que no se puede razonar con un necio.

Nunca respondas al necio de acuerdo con su necedad, Para que no seas tú también como él.
(Proverbios 26:4)

La respuesta final de Nehemías a sus detractores fue repetida cuatro veces, porque ellos no aceptaban un no por respuesta. Su mentalidad de atalaya dio inicio con estas palabras:

Y les envié mensajeros, diciendo: Yo hago una gran obra, y no puedo ir; porque cesaría la obra, dejándola yo para ir a vosotros. Y enviaron a mí con el mismo asunto hasta cuatro veces, y yo les respondí de la misma manera.   (Nehmías 6:3-4)

Con este cuadro en mente, él, junto con el resto de los judíos, pudo reconstruir los muros de Jerusalén en solamente 52 días.

Cuando repasamos la historia de Nehemías y su éxito en reconstruir los muros es fácil quitar importancia a sus logros debido a las ventajas que se le dieron cuando partió hacia su asignación. De las Escrituras sabemos que se le dio el puesto de gobernador en aquella región de modo que aquellos bajo su jurisdicción entendían la autoridad absoluta que el rey le había dado. Si alguna vez un hombre ha sido colocado en una situación de ganar o ganar, fue Nehemías. Esas ventajas de las que él disfrutaba nos ayudan a pasar por alto nuestras objeciones de no tener lo que se precisa para conseguir que el trabajo se realice. La verdad sea dicha, con el espíritu y la actitud de un atalaya, cualquier cosa es posible.

Una Extraordinaria Muestra De Maternidad

El nombre Rizpa no nos suena familiar cuando consideramos a las grandes mujeres de Dios de la Biblia. Su historia está oculta y de algún modo pérdida entre las porciones de la Biblia que están dedicadas a documentar todas las grandes hazañas del rey David. Su historia revela que ella era una de las concubinas del rey Saúl, o dicho en otras palabras, una de sus esposas inferiores.

Cuando el rey David inquirió del Señor la razón de un hambre de tres años de duración en la tierra, esta es la respuesta de Dios a la pregunta de David:

> *Hubo hambre en los días de David por tres años consecutivos. Y David consultó a Jehová, y Jehová le dijo: Es por causa de Saúl, y por aquella casa de sangre, por cuanto mató a los gabaonitas. Y los gabaonitas le respondieron: No tenemos nosotros querella sobre plata ni sobre oro con Saúl y con su casa; ni queremos que muera hombre de Israel. Y él les dijo: Lo que vosotros dijereis, haré. Ellos respondieron al rey: De aquel hombre que nos destruyó, y que maquinó contra nosotros para exterminarnos sin dejar nada de nosotros en todo el territorio de Israel, dénsenos siete varones de sus hijos, para que los ahorquemos delante de Jehová en Gabaa de Saúl, el escogido de Jehová. Y el rey dijo: Yo los daré.* (2 Samuel 21:1, 4-6)

¿Cómo llegó Rizpa a estar envuelta en este debate entre el Rey David y los Gabaonitas? Dos de sus hijos estuvieron involucrados en este intercambio, para ser ejecutados por crucifixión. ¿No podía haber un modo más fácil de apaciguar a los Gabaonitas? La crucifixión estaba considerada en esos días como la muerte más espantosa y atroz que un hombre pudiera padecer. Percatándose del rompimiento de un juramento, un error del rey Saúl, se declaró este juicio, la sentencia seguramente no fue proporcional al delito. No obstante, de acuerdo a la ley de Moisés, la culpa de sangre que descansaba sobre la tierra solamente podía ser expiada por la sangre del criminal.

Y no contaminaréis la tierra donde estuviereis; porque esta sangre amancillará la tierra, y la tierra no será expiada de la sangre que fue derramada en ella, sino por la sangre del que la derramó.
(Números 35:33)

Comienza La Velada De Rizpa

Reconociendo que ella fue víctima de una venganza, tomó la decisión de vivir de acuerdo a su nombre (es decir, piedra caliente[1]) y con pasión ardiente protegió a sus hijos asesinados y también a los otros, siete en total. Su incesante guardia incluía trepar las diferentes cruces durante el día para ahuyentar a los buitres carroñeros, mientras que por la noche espantaba a los distintos animales salvajes nada más que con puro coraje. Era su pasión lo que en realidad compensaba su ira. Los pensamientos de injusticia que rondaban por su mente avivaron este sobrecogedor despliegue de maternidad. Por ley, los cuerpos muertos deberían haberse bajado a la puesta del sol (Deut 21:22-23), pero fue la venganza la que los dejó allí para que se pudrieran expuestos a los elementos. Los cuerpos fueron dejados colgados a comienzo de la siega de la cebada, la temporada sagrada de la pascua, hasta el otoño de las lluvias tempranas de octubre, un periodo de alrededor de seis meses.

Durante su guardia, nada y ni nadie se iba siquiera a acercar a tocar aquellos cuerpos. Contemplando a aquellos cuerpos ennegrecerse, decaer y marchitar, constantemente luchando con la pestilencia de la podredumbre, ella nunca relajó su vigilia. Ella iba a obtener justicia aún si eso fuese la última cosa que hiciese.

Y fue dicho a David lo que hacía Rizpa hija de Aja, concubina de Saúl...e hizo llevar de allí los huesos de Saúl y los huesos de Jonatán su hijo; y recogieron también los huesos de los ahorcados. Y sepultaron los huesos de Saúl y los de su hijo Jonatán en tierra de Benjamín, en Zela, en el sepulcro de Cis su padre;

e hicieron todo lo que el rey había mandado. Y Dios fue propicio a la tierra después de esto.
(2 Samuel 21:11, 13-14)

Note que la maldición sobre Israel no fue levantada ni siquiera cuando David cumplió con el requerimiento de los Gabaonitas. El hecho de que David quebrantó otra ley (es decir, dejar los cuerpos muertos colgados después de la puesta del sol) enfureció al Señor tanto que Él no honraría el acto de restitución de David. No fue sino hasta que esta dedicada mamá fue al extremo para proteger a sus hijos, que David le prestó atención, confesando su error y rectificándolo. Fue una pequeña dama con espíritu de atalaya, que no aceptaría un no por respuesta, la que hizo, finalmente, que se le hiciera justicia a sus hijos.

El Más Grande De Los Atalayas

El más grande de los atalayas que debemos considerar, por supuesto no es ningún otro sino el Señor Jesucristo. Su sola y única misión en la vida fue la de vigilar nuestro plan de salvación. Si alguna vez ha habido alguien concentrado en cumplir su propósito en la vida, ese fue nuestro Salvador. Su plan de hallar el camino a la cruz fue magistral. Por una parte, él dirigió la atención hacia Sí Mismo por medio de producir milagros incomparables, no obstante, por otro lado Él permitió tal revuelo en medio de Su poco ortodoxo ministerio, que Su legado siempre estuvo rodeado de controversia. Su sola presencia era suficiente para convencer a unos cuantos miserables de que Él era el Mesías que la nación judía estaba esperando. Mientras que Él estaba cumpliendo la Escritura mediante sanar a los enfermos y levantar a los muertos, lo hizo de un modo tan modesto, con una unción simplemente envuelta sencilla, que todavía dejó dudas en las mentes de la mayoría de sus detractores.

Su ministerio fue bruscamente frenado cuando, de manera injusta, fue acusado, juzgado, y luego condenado. Ni siquiera una vez se defendió Él no abriendo su boca, lo que en sí mismo formaba parte del cumplimiento de la profecía.

Angustiado él, y afligido, no abrió su boca; como cordero fue llevado al matadero; y como oveja delante de sus trasquiladores, enmudeció, y no abrió su boca. (Isaías 53:7)

Él tenía la certeza, de modo decisivo, de que completaría Su misión sin importar lo que esta doliese. En Su mente, no sería distraído, no durante su guardia.

Lo que hace Su dedicación aún más alucinante es que Él realmente no quiso morir. Su conocimiento de las Escrituras hizo la anticipación de Su muerte aún más insoportable. Él sabía desde el principio que Su rostro iba a ser tan desfigurado que sería irreconocible.

Como se asombraron de ti muchos, de tal manera fue desfigurado de los hombres su parecer, y su hermosura más que la de los hijos de los hombres,
(Isaías 52:14)

La pérdida de sangre, tan solo por los azotes y por la corona de espinas, habría matado a cualquier hombre, Él sabía eso también. Asimismo sabía, antes de tiempo, que iba a morir solo, sin el apoyo de sus discípulos, lo que Le trajo una gran tristeza.

.. Hiere al pastor, y serán dispersadas las ovejas;
(Zacarías 13:7).

Las palabras expresadas en el Huerto de Getsemaní sonaron muy convincentes hasta que Él regresó a sus discípulos, no buscando ayuda, sino más bien por una salida.

Y él se apartó de ellos a distancia como de un tiro de piedra; y puesto de rodillas oró, diciendo: Padre, si quieres, pasa de mí esta copa; pero no se haga mi voluntad, sino la tuya. (Lucas 22:41-42)

Cuando Él los halló dormidos, regresó para orar y las Escrituras dicen que su oración fue con más fervor (Lucas 22:44) porque ni siquiera creía Sus propias palabras. Su sudor fue como gotas de sangre, probando que Su humanidad casi rebasó Su divinidad, pero hizo lo correcto, yendo al Calvario y muriendo la muerte más brutal que un hombre podía morir.

Un Último Intento Fracasado

Antes de la culminación de Su muerte, los sacerdotes principales le retaron para que bajase de la cruz.

De esta manera también los principales sacerdotes, escarneciéndole con los escribas y los fariseos y los ancianos, decían: A otros salvó, a sí mismo no se puede salvar; si es el Rey de Israel, descienda ahora de la cruz, y creeremos en él. *(Mateo 27:41-42)*

Si alguna vez ha habido una mentira que se haya expresado en la historia del hombre, esa fue esta. No había modo de que los sacerdotes principales fueran a hacer buena su promesa. Había una sola y única manera en que el Señor podía atraer a todos los hombres hacia Él.

Y yo, si fuere levantado de la tierra, a todos atraeré a mí mismo. *(Juan 12:32)*

Fiel a Su naturaleza de atalaya, Su vista desde el cerro Gólgota le dio una posición privilegiada como ninguna otra. Él vio almas perdidas que solo podían salvarse por medio de tolerar una muerte que estaba reservada para los mas peor criminales. Su propósito en la vida se antepuso a Su terrible dolor. En otras palabras, la humanidad no se perdería sin un Salvador, no durante su guardia.

¿Es ese el tipo de pasión que usted tiene en su caminar con Dios? ¿Dónde están los atalayas de su generación?

Y si la trompeta diere sonido incierto, ¿quién se preparará para la batalla? (1 Corintios 14:8)

Nuestro grito de batalla se ha perdido en la ambigüedad. Suficientemente triste, nuestras fuerzas han empezado a astillarse, porque las advertencias del atalaya no están siendo escuchadas. ¿Es esta la generación que será cogida desprevenida? Esperemos que no durante este guardia.

Notas Finales

[1]. International Standard Bible Encyclopedia, Rizpah (Rizpa)

Capítulo 10

Declarando Tu Victoria

Y a ti te daré las llaves del reino de los cielos; y todo lo que atares en la tierra será atado en los cielos; y todo lo que desatares en la tierra será desatado en los cielos.   (Mateo 16:19)

Cuando los hijos de Dios van a la batalla contra el enemigo, es asombroso como nuestro propósito es tan fácilmente mal interpretado. Existen tantos guerreros que luchan por sus vidas creyendo que Dios depende de ellos para ganar la victoria. La verdad acerca de esto es que Dios está buscando a "imponentes espirituales", personas que se enfrenten al diablo proclamando la victoria que Dios ya ganó. En el Calvario, la victoria fue total al ser destruidas por completo las obras del diablo.

Para esto apareció el Hijo de Dios, para deshacer las obras del diablo.   (1 Juan 3:8)

La destrucción del diablo se llevó a cabo a nivel legal. Eso significa que todo lo que Satanás robó en el Huerto del Edén, cuando Adán pecó, fue recuperado con la muerte de Jesucristo en el cerro de Gólgota. Esto incluyó la sanidad física, el levantamiento de la opresión, la liberación de aquellos que se encontraban bajo control demoníaco y la liberación de los cautivos.

Esta nueva libertad que hemos ganado es efectiva si solo la imponemos. En otra palabras, sino enfrentamos al diablo cuando él trata de intimidarnos con su poder, entonces él tendrá todo el derecho a tomar lo que le permitimos tomar. Él pondrá a prueba nuestros conocimientos y poder únicamente para ver que puede conseguir.

Lo más alentador para nosotros es el hecho que Satanás tiene que honrar a la autoridad. Nuestros débiles intentos para luchar contra él, en iguales términos, nunca los tomará en cuenta. Tenemos todo el derecho de mirarle directamente a los ojos para declarar nuestra victoria. No puede haber dudas. Declara con Fe y Dios te respaldará.

Determinarás asimismo una cosa, y te será firme,
Y sobre tus caminos resplandecerá luz.
(Job 22:28)

Las Declaraciones Deben Ser Verbales

Si una declaración va a ser efectiva entonces tiene que ser verbal. Esto puede parecer una afirmación redundante. Sin embargo debe ser proclamada verbalmente debido a que existen demasiados hijos de Dios que creen que una declaración de corazón o de la mente es el requisito necesario para abrir las ventanas de la bendición que buscan.

Permítame extenderme un momento sobre esta filosofía en lo que se refiere al tema de salvación. Creer de corazón por la salvación de nuestra propia alma es solo el primer paso y será insuficiente para aquellos que se detengan aquí.

Porque por gracia sois salvos por medio de la fe; y esto no de vosotros, pues es don de Dios; no por obras, para que nadie se gloríe.   (Efesios 2:8-9)

Existe aquí la inferencia que la salvación proviene del corazón y que nada de lo que hagamos la hará posible. Eso básicamente es verdadero y falso al mismo tiempo. Creer que

Dios es el camino para nuestra salvación es casi lo mismo que tener fe en Dios. Creer y tener fe no son conceptos abstractos formulados en la mente o en el corazón donde no se pueden ver. Por el contrario, creer y fe son palabras de acción. Si la gente cree y tiene fe, deberían ser capaces de verlo con sus propios ojos. Pablo dice esto claramente en el libro de Santiago:

Así también la fe, si no tiene obras, es muerta en sí misma. Pero alguno dirá: Tú tienes fe, y yo tengo obras. Muéstrame tu fe sin tus obras, y yo te mostraré mi fe por mis obras. Vosotros veis, pues, que el hombre es justificado por las obras, y no solamente por la fe. *(Santiago 2:17-18, 24)*

Poner nuestra fe a trabajar incluye una declaración verbal. Una vez que la gente se arrepiente de sus pecados y cree de todo corazón, van al siguiente paso que es hacerlo conocido al mundo entero.

Porque con el corazón se cree para justicia, pero con la boca se confiesa para salvación. *(Romanos 10:10)*

Esto es lo que se conoce como "las palabras no valen sin obras". Es en este momento que completamos el plan de salvación y somos bautizados en el agua en busca de Su Espíritu.

Esto es de acuerdo con las palabras de Jesús dichas a Nicodemo en el libro de Juan.

Respondió Jesús: De cierto, de cierto te digo, que el que no naciere de agua y del Espíritu, no puede entrar en el reino de Dios. *(Juan 3:5)*

Verbalizando Nuestra Fe Es Continuamente

La verbalización de nuestra fe no debe ser reservada solo para el momento de nuestra salvación. Declarar nuestra victoria es una afirmación incesante, que valida la grandeza del Señor en nuestras vidas. Con sacrificio de alabanza dirigida hacia el trono de gloria, alegremente le honramos diariamente.

> *Así que, ofrezcamos siempre a Dios, por medio de él, sacrificio de alabanza, es decir, fruto de labios que confiesan su nombre.*   *(Hebreos 13:15)*

La advertencia del autor para nosotros es que debemos continuamente no continuadamente ofrecer este sacrificio oralmente. Con toda intención, él no la utiliza porque entonces nuestra alabanza se terminará rápidamente. Lo que tenía en mente cuando escribió esto era que debemos alabar una y otra vez, esa es la razón por la que se convierte en sacrificio. Pagar un alto precio por un sacrificio nunca evitó que el Rey David ofreciera al Señor lo mejor de él mismo.

> *...porque no ofreceré a Jehová mi Dios holocaustos que no me cuesten nada.*   *(2 Samuel 24:24)*

¿Qué tiene que ver el holocausto del Antiguo Testamento con nuestro sacrifico de alabanza? ¡Todo por supuesto! El autor de Hebreos tenía que tener un conocimiento práctico de los sacrificios en el Antiguo Testamento, de allí el usó de la palabra "continuamente" en Hebreos 13:15. El sacrificio del holocausto realizado por los sacerdotes era considerado un "continuo" holocausto (Éxodo 29, 42). Pero lo que hace que este sacrificio del Antiguo Testamento se conecte con nuestra alabanza es que el holocausto significaba consagración total del creyente a Jehová[1]. Esa es la razón por la cual David no rebajaba jamás los sacrificios al Señor. Quería asegurarse de que estaba sacrificando lo mejor y solamente lo mejor que el dinero podía comprar, porque eso es lo que él quería demostrar ante el Señor. ¿Cree usted que debemos ofrecerle menos? Sinceramente pienso que no. Nuestras declaraciones a Él, no solo deberían ser verbales sino también demostrativas!

Anteriormente mencioné como creer y tener fe van siempre de la mano. Ya sabemos que sin fe es imposible agradar a Dios (Hebreos 11:6). Por tanto debemos darnos cuenta de que una declaración sin fe no significa mucho.

Un Grito Hueco
*Aconteció que cuando el arca del pacto de Jehová llegó al campamento, todo **Israel gritó con tan gran júbilo** que **la tierra tembló**. Cuando los filisteos oyeron la voz de júbilo, dijeron: ¿Qué voz de gran júbilo es esta en el campamento de los hebreos? Y supieron que el arca de Jehová había sido traída al campamento. Y los filisteos tuvieron miedo, porque decían: Ha venido Dios al campamento. Y dijeron: ¡Ay de nosotros! pues antes de ahora no fue así. ¡Ay de nosotros! ¿Quién nos librará de la mano de estos dioses poderosos? Estos son los dioses que hirieron a Egipto con toda plaga en el desierto. Esforzaos, oh filisteos, y sed hombres, para que no sirváis a los hebreos, como ellos os han servido a vosotros; sed hombres, y pelead. Pelearon, pues, los filisteos, e Israel fue vencido, y huyeron cada cual a sus tiendas; y fue hecha muy grande mortandad, pues cayeron de Israel treinta mil hombres de a pie. Y el arca de Dios fue tomada, y muertos los dos hijos de Elí, Ofni y Finees.*   *(1 Samuel 4:5-10)*

Tan fuerte como haya podido ser el grito de Israel ese día haciendo temblar la tierra, la verdad es que el grito sonó hueco.

Después de que el temor inicial ante algo que ellos inicialmente desconocían disminuyera, ellos supieron con total seguridad que Israel estaba alejado de Dios y que no podría derrotar al muy superior ejército Filisteo. Estos se armaron de valor y acabaron con 30,000 soldados sin problema.

Este sacrificio de alabanza no significaba nada en comparación con el del Rey David. No les costó nada gritar a todo pulmón y por lo tanto no convencieron a nadie. Lo que hizo empeorar la situación fue que el Arca del pacto fue tomada, como si el Señor aprobase este robo. Si los hijos de Israel no eran capaces de honrar a Dios con los primeros frutos de su alabanza, entonces la presencia del Señor se apreciaría más en otros lugares.

Las palabras llenas de fe, una vez gritadas, tienen un poder como ninguna otra. Satanás preferiría que nos mordamos nuestra lengua y que dejemos nuestra fe encerrada en nuestros corazones. Va a tales extremos en sus mentiras para hacernos creer que si vamos a recibir respuestas de parte de Dios, debemos mostrar una cantidad exorbitante de fe.

Yo creo que el Señor hace un esfuerzo extra con el propósito de bendecir a sus hijos. Digo esto porque Él ha disminuido el requisito para recibir milagros del cielo al nivel más bajo. No es una cantidad radical, fanática y obsesiva de fe la que mueve montañas en nuestras vidas, sino una fe no más grande que el tamaño de un grano de mostaza (Mateo. 17:20). Esto significa que cualquiera que desee obtener algo con un poco de fe que Dios depositó en su vida puede sin lugar a dudas obtener lo que diga.

El Dilema Imposible De Josué

Josué se encontró en un dilema que solo un milagro podía remediar. Por encima del hecho que estaba luchando contra su propia identidad, tenia que tratar de figurar la misión que le fue encomendada, lo cual no tenía ningún sentido. No había nadie a quien pedir consejo porque si se hubiese hecho conocido al resto de su liderazgo como el Señor planeaba conquistar la ciudad de Jericó estoy seguro que él habría encontrado poco o ningún apoyo. Él tendría que hacer esto solo y orar para que lo que él pensaba que fuera la voluntad de Dios, fuese en realidad esta misma.

Los muros de Jericó eran impenetrables. Observando desde fuera estos muros se mostraban fortificados al máximo, lo que hacía que una invasión exitosa fuese prácticamente imposible. Teniendo en cuenta que Israel tenía un ejército improvisado, escaso y mal equipado, no podría igualar el estado de las armas que los soldados de Jericó decían poseer en su arsenal. Este enfrentamiento fue decidido en el cielo. El Señor siempre ha salido próspero en situaciones imposibles y no podría haber una más imposible que esta.

Una declaración de victoria iba a ser el instrumento que Dios utilizaría para triunfar sobre los enemigos de Israel y no vendría de nada más y nada menos que un grito. Durante seis días seguidos, Josué pidió a sus hombres marchar alrededor de los muros de Jericó en silencio. Puedo imaginar los abucheos y burlas de estos poco afortunados soldados que no hacían nada más que dar patadas al polvo. Luego llegó el séptimo día y todo Jericó entendió el poder de un grito.

> *Al séptimo día se levantaron al despuntar el alba, y dieron vuelta a la ciudad de la misma manera siete veces; solamente este día dieron vuelta alrededor de ella siete veces. Y cuando los sacerdotes tocaron las bocinas la séptima vez, Josué dijo al pueblo: Gritad, porque Jehová os ha entregado la ciudad. Entonces el pueblo gritó, y los sacerdotes tocaron las bocinas; y aconteció que cuando el pueblo hubo oído el sonido de la bocina, gritó con gran vocerío, y el muro se derrumbó. El pueblo subió luego a la ciudad, cada uno derecho hacia adelante, y la tomaron. Y destruyeron a filo de espada todo lo que en la ciudad había; hombres y mujeres, jóvenes y viejos, hasta los bueyes, las ovejas, y los asnos.*
>
> *(Josué 6:15-16, 20-21)*

Una declaración de victoria no puede ser descartada sobre todo cuando el Señor te respalda. Él entiende lo que significa declarar victoria, cuando para todos los fines y propósitos la situación asemeja ser una derrota total.

Ejemplo Del Señor Para Con Nosotros

El último punto en la agenda de su horrible muerte fue un grito de victoria declarada con todo pulmón. No fue un grito de agonía, pesar o derrota, como algunos podrían haber creído. Lo que realmente significó fue una voz de triunfo. Con toda la fuerza que él pudo reunir, Él gritó:

Entonces Jesús, clamando a gran voz, dijo: Padre, en tus manos encomiendo mi espíritu. Y habiendo dicho esto, expiró. *(Lucas 23:46)*

El poder de un grito de victoria no se pierde con Su muerte. Él solo estaba instalando el escenario para su regreso porque cuando Él vuelva por Su Iglesia, será en un grito aleluya de victoria.

Porque el Señor mismo con voz de mando, con voz de arcángel, y con trompeta de Dios, descenderá del cielo; y los muertos en Cristo resucitarán primero. Luego nosotros los que vivimos, los que hayamos quedado, seremos arrebatados juntamente con ellos en las nubes para recibir al Señor en el aire, y así estaremos siempre con el Señor.
(1 Tesalonicenses 4:16-17)

Existe un obstáculo que levanta su fea cabeza y evita que un hijo de Dios reciba lo mejor que el cielo tenga que ofrecer. Por alguna razón, el romper la tradición es uno de nuestros más grandes obstáculos. Estos patrones de pensamiento que son heredados, establecidos ponen tal obstáculo en nuestro pensamiento que muchas veces nos hacen creer que esta es la única forma de servir a Dios. Debemos regresar a la Biblia como nuestra fuente infalible y no depender en lo que el abuelo hizo en su época. Si los nuevos pensamientos, acciones o comportamientos que nosotros estamos experimentando en el presente pueden ser fundamentados a través de ejemplos similares bíblicos, ¿Dónde estaría la falla en poner la tradición a un lado?

Un Momento Extraordinario

Hace varios años atrás, yo hice una llamada al altar donde una mujer embarazada se puso en línea para ser sanada. Ella estaba teniendo dolores de espalda normales que las mujeres sufren cuando están embarazadas. Justo antes de que yo pusiera mis manos sobre ella, el Señor me reveló lo que iba a tener. Yo, muy emocionado, me detuve y le pregunte a ella si ella sabía que iba a tener, porque de no ser así, yo le podía decir lo que Dios me había revelado. Yo estuve hasta cierto punto sorprendido de su respuesta, ella enfáticamente dijo que no y que no quería saberlo. Por cualquier motivo, el Señor no quería que yo dejara de insistir, así que intente plantearlo de otra forma. Le dije, "yo sé que tú no quieres saber que será el bebé, pero ¿puedo al menos decirte de qué forma saldrá el bebé?". Ella me miró a mi perpleja, como si yo estaba preguntando algo sin sentido, pero luego de pensarlo brevemente, ella me dijo que estaba bien. En mi nerviosismo, yo le dije que el bebé saldría cantando. Si hubo alguna vez alguna afirmación más absurda, esta fue. Todos sabemos que físicamente, eso es imposible. A causa de que yo había sido tomado por sorpresa debido a su respuesta inicial, me encontraba muy nervioso acerca de lo que yo realmente quería decir. Tu bebé va a ser un cantante. ¿Es grande la diferencia, no? Ella dudó por un momento, pero entonces fue cautivada por el pensamiento que el bebé en su barriga iba a cantar por la gloria de Dios y lo aceptó de esa manera.

Ella Cambió De Mente

Luego de que el servicio terminó, ella apresuradamente se acercó a la plataforma donde yo me encontraba. Ella había cambiado de idea y quería saber lo que el Señor me había mostrado. Yo le dije que ella iba a tener una niña, lo cual produjo un grito inesperado de ella. La razón era, el Señor había bendecido su hogar con niños y todo lo que ella necesitaba era una niña para hacer completa su familia. Ella hizo algo que la mayoría de nosotros no estamos dispuestos a hacer cuando recibimos una palabra profética del Señor. Ella abrió su boca y comenzó a declarar su victoria. No interesaba si los doctores confirmaran esta profecía, ella iba a actuar con fe y a proclamar esto al mundo. Además de todo esto, su bebé iba a cantar para la gloria de Dios.

Pasaron un par de meses, y cuando ella estaba manejando en el camino, ella sufrió un accidente en su camioneta. La camioneta rodó y dio varias vueltas. Cuando los paramédicos llegaron, ella estaba ensangrentada y con algunos huesos rotos. Ellos se apuraron en colocarla en la ambulancia, sabiendo que si no llegaban al hospital a tiempo había una gran posibilidad de que perdiera al bebé. En toda la conmoción, el enemigo apareció en escena con sus dudosos y sarcásticos comentarios. "¿Dónde está tu Dios ahora? Sabes bien que no llegaras al hospital a tiempo, así que te puedes ir olvidando de la niña que Dios te había prometido". Casi al mismo tiempo, la presencia manifiesta del Señor ingresó a la ambulancia y una unción poderosa la envolvió. Con toda la fuerza que ella pudo reunir, ella dijo algo como, "Satanás, ¡que el Señor te reprenda! Antes que nada, yo voy a llegar al hospital a tiempo, luego tendré a mi niña y no hay nada que puedas hacer para evitarlo" ¿Saben lo que ella realmente estaba haciendo? Ella estaba declarando su victoria. Solo un poco de fe soltada por esta mujer fue necesario para realizar el milagro que ella necesitaba de forma tan desesperada.

Cuando ella llegó al hospital, un doctor vino inmediatamente a revisarla. El apresuradamente escribió algunas notas y se fue. En ese momento su pastor entró en el cuarto, y mientras aun ella sentía esa poderosa unción ella le pidió a él que orara. Luego de una corta oración, otro doctor ingresó al cuarto para un examen adicional. Cuando la mujer embarazada lo vio, ella observó que él estaba sorprendido. Cuando ella le preguntó si había algo mal, él le respondió que las notas dejadas por el primer doctor no correspondían con el examen que el acababa de hacer. De acuerdo a estas notas, la mujer debería tener algunos huesos rotos. Pero luego de un nuevo examen, el doctor halló que ella se encontraba perfectamente bien. A esto ella respondió, "¿Puede usted llevarme a la sala de partos para que pueda dar a luz a mi niña?".

Un Desenlace No Previsto

Ellos la llevaron a la sala de partos y cuando nació el bebé finalmente, sucedió algo sumamente extraño. La pequeña "niña" empezó a hacer ruidos como si ella estuviera cantando. Eso atrajo la atención de todos en la sala, incluyendo la de doctores y enfermeras quienes nunca habían visto algo como esto. El Señor entonces se hizo presente con Su Espíritu y con una poderosa unción tocó a la madre. Ella dijo, "¿Por qué se sorprenden? ¿Nunca han visto a un bebé alabar y glorificar a su Señor?". Yo sé que lo que acabo de escribir suena demasiado increíble para ser cierto, pero una vez más, ese es el tipo de Dios que yo sirvo.

Entonces Jesús, mirándolos, dijo: Para los hombres es imposible, mas para Dios, no; porque todas las cosas son posibles para Dios. (Marcos 10:27)

La mejor parte del testimonio ocurre tres meses después cuando yo regresaba a su Iglesia local a predicar. Al finalizar el servicio, ella se arrimó a la plataforma para mostrarme a su bebé. Parecía que ella estuviera enojada y debido a que el bebé no estaba vestido con colores de niña, supuse que me iba a llamar la atención. Cuando ella finalmente se me acercó lo suficiente para observar al bebé, yo miré con detenimiento para determinar si podía confirmar si se trataba de una niña o no. Ella entonces me preguntó si yo la recordaba. Yo dije no, cuando en realidad sí la recordaba pero no quería encarar el reclamo. Ella dijo que no importaba mucho que no recordara porque yo había profetizado que Dios iba a darle una niña. "De veras," Yo dije. "¿Y qué fue?" Un poco sorprendida, ella respondió, "¡Una pequeña niña, por supuesto!" Yo recuerdo haber pensado, pero sin decirlo, "¡Gracias Dios!" Limpiando el sudor de mi frente con mi pañuelo! Trate de cambiar de tema preguntándole una pregunta común "¿Y qué nombre le puso?" Ella inmediatamente respondiendo con un sobrenombre que no tenía sentido para mí. En ese tiempo, yo desconocía las circunstancias de cómo había nacido la bebé, así que cuando ella dijo el nombre, "TUMBLES" (Rodando), me tomó completamente desprevenido. Luego de que ella me relatara la historia completa, yo empecé a dar alabanza al increíble Dios que yo sirvo. Ahora cada vez que alguien le preguntase acerca del sobrenombre, ella tenía la gran oportunidad de declarar su victoria una y otra vez. Tumbles (Rodando), ¿Quién se lo habría imaginado, no?

¿Aún No Está Convencido?

Este testimonio puede haber convencido a la mayoría de los que leen actualmente este libro, pero estoy seguro que hay algunos que aún no están convencidos. Lo digo debido a que dar testimonios sólidos sin un respaldo bíblico es como un suicidio espiritual. Para aquellos de ustedes que prefieren irse al otro extremo, nunca aventurándose fuera de las Escrituras buscando palabra fresca de nuestro Dios, déjenme convencerlos utilizando Su palabra.

> *Entonces dijo Josué: Abrid la entrada de la cueva, y sacad de ella a esos cinco reyes. Y lo hicieron así, y sacaron de la cueva a aquellos cinco reyes: al rey de Jerusalén, al rey de Hebrón, al rey de Jarmut, al rey de Laquis y al rey de Eglón. Y cuando los hubieron llevado a Josué, llamó Josué a todos los varones de Israel, y dijo a los principales de la gente de guerra que habían venido con él: Acercaos, y poned vuestros pies sobre los cuellos de estos reyes. Y ellos se acercaron y pusieron sus pies sobre los cuellos de ellos. Y Josué les dijo: No temáis, ni os atemoricéis; sed fuertes y valientes, porque así hará Jehová a todos vuestros enemigos contra los cuales peleáis. Y después de esto Josué los hirió y los mató, y los hizo colgar en cinco maderos; y quedaron colgados en los maderos hasta caer la noche.*   (Josué 10:22-26)

Un Cambio de Tradición

En esta parte de las Escrituras existe un cambio en relación a una vieja tradición. Lo que era costumbre luego de que el ejército Israelí hubiese obtenido una victoria era traer al rey vencido dentro de la ciudad y presentarlo ante el líder de Israel. Después que toda la ciudad se reunía para ver qué sucedería, el líder, en este caso Josué, pondría su pie derecho en el cuello del rey vencido, que para este momento se encontraba inclinado ante el líder de Israel.[2]

En esta ocasión particular, Josué decidió deferir su responsabilidad a los capitanes de su ejército. Si eso se debió a que fueron cinco reyes quienes se trajeron ante el ese día o se debió a otras circunstancias, las Escrituras no lo dicen con claridad. Todo lo que sabemos es que Josué transfirió su autoridad a estos cinco hombres. Con esa autoridad ahora en lugar, ellos completaron la tradición y los reyes fueron llevados fuera de la ciudad para ser ejecutado.

¿Qué tiene que ver la tradición del Antiguo Testamento y los cambios hechos con nosotros en el reino de Dios hoy en día? Todos sabemos al estudiar las Escrituras que Josué es un tipo y figura al Señor Jesucristo. Eso quiere decir que existe un paralelo en ambos hombres de Dios. Hubo cosas que Josué haría físicamente que el mismo Señor duplicaría en su reino espiritual.

De acuerdo a la tradición que Josué estaba acostumbrado, encontramos que Jesús hizo lo mismo en el Espíritu:

Y el Dios de paz aplastará en breve a Satanás bajo vuestros pies.   (Romanos 16:20)

O, esto se pone mejor, mi amigo. Así como Josué transfirió su autoridad a los hombres de su ejército, de la misma forma el Señor transfirió Su autoridad a nosotros, como soldados.

He aquí os doy potestad de hollar serpientes y escorpiones, y sobre toda fuerza del enemigo, y nada os dañará.   (Lucas 10:19)

Leyendo esta Escritura arriba existen aquellos que no se entusiasman como deberían. ¿Por qué? Debido a que ellos no creen que estas Escrituras se apliquen a sus vidas. Son las

Escrituras que en sus mentes están reservadas para un nivel superior en el reino de Cristo

Permítanme poner su mente en paz al referir a la escritura mencionada al inicio del capítulo en Mateo.

> *Y a ti te daré las llaves del reino de los cielos; y todo lo que atares en la tierra será atado en los cielos; y todo lo que desatares en la tierra será desatado en los cielos.* *(Mateo 16:19)*

Lo Que Estas Llaves Pueden Hacer Por Ti

Las llaves que han sido dadas a ti y a mí lo fueron para declarar nuestra victoria. Amó la palabra que el Señor escogió utilizar para ayudarnos a entender que no existen límites o barreras a lo que Él está dispuesto a hacer por nosotros "TODO" es una palabra utilizada tan a menudo hoy en día en nuestra sociedad que no existe forma que pudiéramos malinterpretar su significado. Si es para bien o para mal, todo lo que hay en nuestras vidas está cubierto en "todo". Solo necesitamos decidirnos acerca de que cuando Dios nos da una promesa, nosotros podemos declarar firmemente nuestra victoria antes que esta incluso ocurra, porque sabemos que Dios cumple Su palabra. Es tiempo de ¡DECLARAR TU VICTORIA!!!!!!!!!!!!!!!!

Notas Finales

1. Zondervan, Pictorial Bible Dictionary, Sacrifice, Pág. 739
2. Manners and Customs of the Bible, Enemies Trodden, Pag. 119

Books Available in English

Libros Disponibles En Español

George Pantages Ministries

George Pantages
Cell 512 785-6324
geopanjr@yahoo.com
Georgepantages.com

www.ingramcontent.com/pod-product-compliance
Lightning Source LLC
LaVergne TN
LVHW051606070426
835507LV00021B/2792